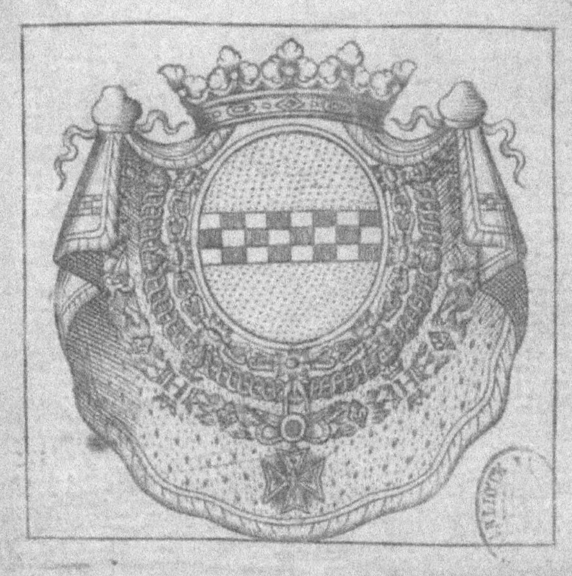

LES RONDES,
CHANSONS
A DANSER.

TOME II.

Contenant Cinquante Rondes
&
Cent Contre-Danſes parodiées.

AVIS.

LES Partitions générales d'Issé & de L'Europe Galante, dont les Impressions viennent d'être faites avec beaucoup de soin, sont maintenant en vente, & peuvent se réünir à Thetis & Pelée, & aux dix-neuf Opera de Mr. de Lully, qui sont tous de même forme & de même prix.

Les Personnes qui ont la seconde Edition d'*Issé*, & la troisiéme de l'*Europe Galante*. in-quarto, pourront les changer contre les Partitions générales des mêmes Opera : Et l'on leur tiendra compte de dix livres pour chaque, en payant le suplément de quinze livres, & ce pendant tout le mois d'Octobre de la presente année 1724.

LES RONDES,
CHANSONS
A DANSER.

Tom. II.

Cent cinquante-uniéme Air.

Pour me défendre des Amants,
J'ay mon chien, ma houlette :

Et je crains peu leurs compliments,
S'ils me trouvoient seulette ;

Gardons nos Moutons lirette,
Liron lire liron lirette.

Maman dit qu'ils sont tous trompeurs,
Et d'humeur indiscrette :

Qu'il ne faut aimer que les fleurs,
Et jamais la fleurette ;

Gardons, &c.

Quand on laisse engager son cœur,
On est trop inquiete :

L'on perd toute sa bonne humeur,
Et l'on est contrefaite ;

Gardons, &c.

Si l'Amour venoit quelque jour
Me voir en ma chambrette :

Je lâcherois après l'Amour,
Ma fidelle Lizette ;

Gardons, &c.

Je ne veux point changer de nom,
Je veux rester fillette :

Il n'est point de plus joly nom,
Que celuy de Nanette ;

Gardons, &c.

J'aime à rire, j'aime à sauter
Au son de la Musette :

J'aime à danser, j'aime à chanter,
Voilà mon amusette ;

Gardons, &c.

C'est ainsi que presentement
Parle la jeune Annette :

Elle dira tout autrement,
Un peu plus grandelette ;

Garde mes Moutons, &c.

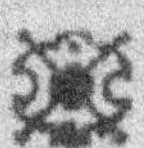

Cent cinquante-deuxiéme Air.

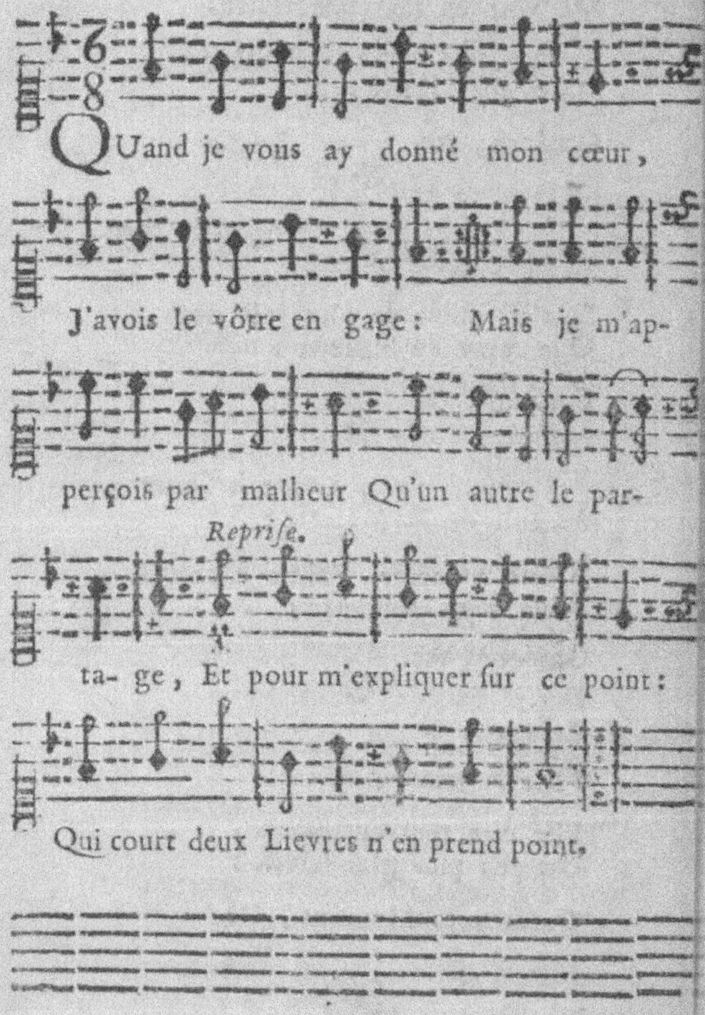

Tu m'abandonn' ingrat Tircis,
Tu deviens infidelle :

Et ton cœur est sans doute épris,
D'une flàmme nouvelle ;

Ingrat Berger, qu'est devenu
Le temps si charmant que j'ay eu ?

❖

Tu cüeillois de tes propres mains ,
Des fleurs en ma Prairie :

Et j'en trouvois tous les matins,
Ma houlette garnie ;

Ingrat Berger, qu'est devenu
Le temps si charmant que j'ay eu ?

❖

Tu m'appellois de cent façons ,
Ta Reine & ta charmante :

Tu me donnois tous les beaux noms
Qu'un tendre Amant invente ;

Ingrat Berger, qu'est devenu
Le temps si charmant que j'ay eu ?

❖

Tu venois chasser les Oyseaux ,
Avec un soin extrême :

Tu menois même mes Agneaux ,
Tu les gardois toy-même ;

Ingrat Beger, qu'est devenu
Le temps si charmant que j'ay eu ?

❖

Tes soins ont suivy tous mes pas,
Dont j'étois enchantée :

Mais ils n'ont pas duré, helas !
Je ne suis plus aimée ;

Ingrat Berger, qu'est devenu
Le temps si charmant que j'ay eu ?

❊

Quand j'allois danser sous l'ormeau,
Au son de ta Musette :

Tu ne trouvois rien de si beau
Que ta chere Lisette ;

Ingrat Berger, qu'est devenu
Le temps si charmant que j'ay eu ?

❊

Jamais je n'ay tant vû d'ardeur,
Tircis, en apparence :

Et jamais pour gagner un cœur,
On ne fit plus d'avance ;

Ingrat Berger, qu'est devenu
Le temps si charmant que j'ay eu ?

❊

Aujourd'huy, ah ! quel changement
Tircis, dans ta tendresse :

Car tu ne veux pas seulement
Que mon Chien te carresse ;

Ingrat Berger, qu'est devenu
Le temps si charmant que j'ay eu ?

❊

Ce n'est donc pas assez pour toy
D'avoir brisé ma chaîne :

Tircis, tu veux que tout chez moy,
Se sente de ta haine ;

Ingrat Berger, qu'est devenu
Le temps si charmant que j'ay eu?

❖

Quand tu m'apperçois tu t'enfuis,
Ma presence t'afflige :

Il n'est pas jusqu'à ma Brebis,
Cruel, que tu néglige ;

Ingrat Berger, qu'est devenu
Le temps si charmant que j'ay eu ?

❖

Perfide, à mes yeux trop charmant,
Et que toûjours j'honore :

Si je t'aimois moins constamment,
Tu m'aimerois encore ;

Ingrat Berger, qu'est devenu
Le temps si charmant que j'ay eu?

❖

Il me falloit plus de fierté,
Et plus de resistance :

Ma trop grande facilité,
A fait ton inconstance ;

Ingrat Berger, qu'est devenu
Le temps si charmant que j'ay eu?

❖   A iv

Cent cinquante-troisiéme Air.

Reprise.

Ell' dit qu'ell' n'a que dix écus,
Ce n'est pas grande chance ;
Moy qui n'ay point de revenu,
Et bien petite avance ;
Je la veux, j'y suis resolu,
Je dis ce que je pense.

Elle a des attraits tout charmants,
S'appelle Marguerite ;
Elle a des petits yeux brillants,
Comme une carpe fritte ;

Elle a le nez fort joliment
Fait en pied de marmite.

Elle a les cheveux aussi blonds
Comme de l'ecarlate,
Qui luy pendent dessus le front,
Et sur ses deux jouës plattes ;

Son visage nous paroît rond,
Ainsi comme une latte.

Elle est fille de Tonnellier,
Et nous devons le croire ;
Car sa Mere luy a tourné
Ses deux jambe' en doloires ;

Elle a les talons par devant,
Et les doigts par derriere.

Ses compliments sont assez doux,
Son entretien bien drôle,
Elle est quatre heures près de vous
Sans dire une parole,

Ce que je vous annonce à tous,
Ce n'est pas faribole.

Cent cinquante-quatriéme Air.

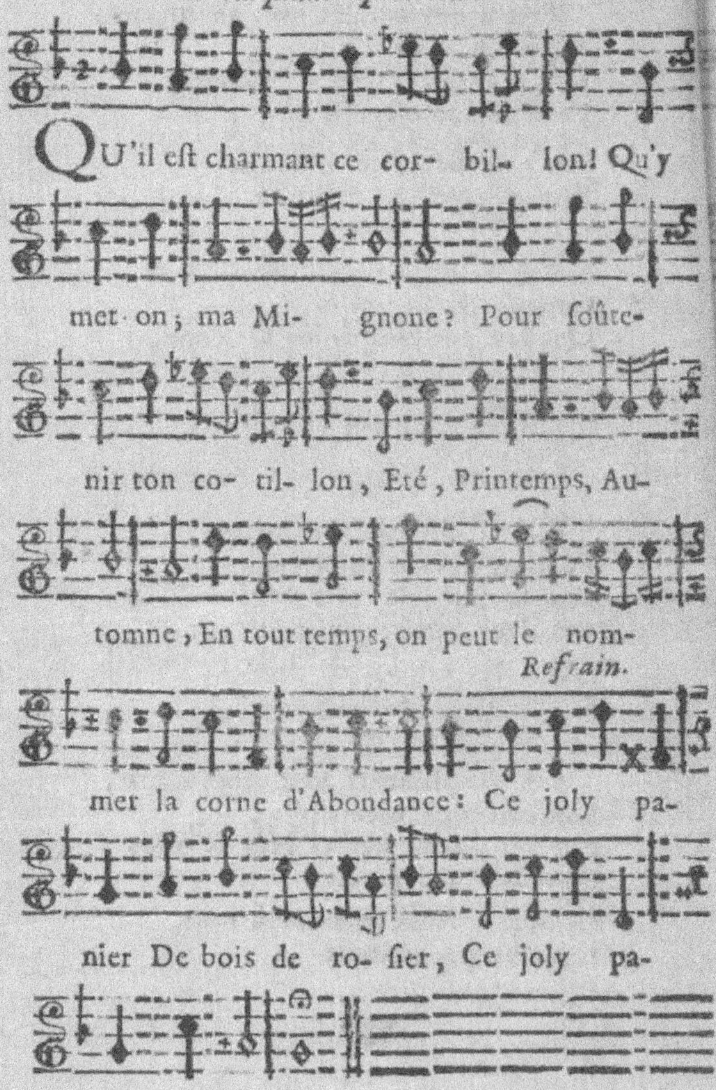

Quand on revoit le doux Printemps,
Il te sert sur l'herbette ;
Lorsque par un doux passe-temps,
Tu ceüilles la fleurette.
Flore le remplit tout entier
D'une aimable nuance :

Ce joly panier
De bois de rosier ,
Ce joly panier
Sans anse.

Lorsque Cérés de tous ses dons,
Vient enrichir la plaine,
Il sert à faire les moissons,
A réceüillir la graine ;
Il est utile au Jardinier ,
Au temps de la semence :

Ce joly, &c.

Venez servir le Dieu du vin ,
Trop aimables Fillettes ;
Pour aller ceüillir le raisin,
Préparez vos serpettes ;
Mais gardez-vous bien d'oublier,
Et sur tout en vacance,

Ce joly , &c.

Quand la saison des noirs frimats
Près du feu te rameine ,
Si tu remplis un cannevas ,
Il conserve ta laine ;
Mais plus souvent un pied leger
Fait voler dans la danse

Un joly , &c.

Par toy le grand vertu-gadin ,
Garend de la sagesse ,
Contraire à l'amour trop badin ,
Utile à la foiblesse ,
Le bon temps , le collet monté ,
Vont revenir en France :

O joly panier
De bois rosier ,
O joly panier
Sans anse.

Cent cinquante-cinquiéme Air.

Profite, si tu es sage,
Du printemps de tes beaux jours,

Garde ton âge, qui nous engage,
Qui cause que l'on te fait l'amour,
Te fait l'amour :

Profite, si tu es sage,
Du printemps de tes beaux jours.

❦❧

Fai ce que je te propose,
Ton teint est dans sa vertu,

Lorsqu'une rose est éclose,
Toutes les feüilles tombent, on n'en veut plus,
On n'en veut plus :

Fai ce que je te propose,
Ton teint est dans sa vertu.

❦❧

Avec toute ta richesse,
Prétend-tu languir toûjours ?

Une foiblesse, une tendresse
Valent bien dumoins tes amours,
Et tes beaux jours : *bis.*

Avec toute ta richesse
Prétend-tu languir toûjours ?

❦❧

Ton fonds est de six cens livres,
Ce sont dix écus par an.

Est-ce pour vivre,
Et pour poursuivre tant de rigueur
  Près d'un Amant ?   *bis.*

Ton fonds est de six cens livres,
Ce sont dix écus par an.

❈❈❈

  Tigresse, je t'abandonne,
Prend garde au fâcheux retour.

Vîte à la tonne,
Que l'on me donne
Du vin, je veux noyer l'amour,
  Noyer l'amour :

Tigresse, je t'abandonne,
Prend garde au fâcheux retour.

❈❈❈

  Marotte fut en menage
Dès l'âge de quatorze ans.

  Son mariage,
  Son heritage,
  Et son menage
  Furent au vent,   *bis.*

Marotte fut en menage
Dès l'âge de quatorze ans.

❈❈❈

Cent cinquante-sixiéme Air.

J'entrevis

J'entrevis vos charmes naiſſants ;
Ah ! Philis, je vous aime tant !
Je ſentis leur pouvoir preſſant,

Je vous vois, je vous veux,
Je vous aimeray tant !
Ah ! Philis, je vous veux, je vous aime ;
Si je vous ay, je vous aimeray tant !

❖

Je ſentis leur pouvoir preſſant,
Ah ! Philis, je vous aime tant !
Auſſi-tôt je devins Amant ;

Je vous, &c.

❖

Auſſi-tôt je devins Amant,
Ah ! Philis, je vous aime tant !
Aimez, aimez dans vos beaux ans ;

Je vous, &c.

❖

Aimez, aimez dans vos beaux ans,
Ah ! Philis, je vous aime tant !
Favoriſez mes vœux ardents ;

Je vous, &c.

❖

Favoriſez mes vœux ardents,
Ah ! Philis, je vous aime tant !,
Et calmez mes feux dévorants ;

Je vous, &c.

❖

Cent cinquante-septiéme Air.

Pour l'engager à se rendre,
J'ay donc fait de vains efforts:

Ses refus doivent m'apprendre
A moderer les transports

De mon lanla, landerirette,
De mon lanla, landerira.

Accorde-moy de ta bouche,
Un petit mot seulement :

Puisque ta vertu farouche,
Refuse un soulagement

A mon lanla, &c.

J'y borneray mon envie,
Tu n'en dois pas t'effrayer :

J'attendray, belle Silvie,
Qu'il te plaise d'essayer

De mon lanla, &c.

Berger, je sens ma foiblesse,
Je vois bien qu'il faut t'aimer :

Mais, ne croi pas ma tendresse,
Susceptible de ceder

A ton lanla, &c.

Je conduiray le mystere,
Sans aucun danger pour vous :

Je sçay tout ce qu'il faut faire ;
En aimant, que craignez vous

De mon lanla, &c.

Il faut bannir toute crainte ;
Je veux nommer mon Vainqueur :

Je luy jure que sans feinte,
Je veux contenter l'ardeur

De son lanla, &c.

Cent cinquante-huitiéme Air.

Pour apprendre une chanson,
J'irois bien, dit la folette,
Mais, tu troubles ma raison,
Quand tu me contes fleurette :

Eh bien, répondit Lucas,
Ne crain point, belle Brunette,
Eh bien, répondit Lucas,
Je ne t'en conteray pas.

Ah ! je te connois trop bien,
Tu charmes chaque Fillette,
Et puis après ce n'est rien,
Di-tu, qu'une chansonnette :

Cependant s'il est certain,
Qu'avec toy j'aille seulette,
Cependant s'il est certain,
Je vais te suivre soudain.

Le Berger fit un serment,
Qui la fit aussi-tôt rendre,
Et dès le même moment,
Le suivit sans plus attendre :

Et tous deux chemin faisant,
S'entretenoient d'un air tendre,
Et tous deux chemin faisant,
S'entretenoient galament.

Quand ils furent dans le bois,
Le drôle prit sa Musette,
Et l'accordant à sa voix,
Luy chanta sa Chansonnette :

L'Air en fut trouvé plaisant,
Par la gentille Fillette ;
L'Air en fut trouvé plaisant,
Et son cœur en fut content.

Ils se mirent à danser
Sur la naissante fougere,
Qui sembloit les repousser,
Tant la danse étoit legere :

Mais enfin le Berger las,
Pour reposer sa Bergere ;
Mais, enfin le Berger las,
Luy fit moderer le pas.

La danse de ce Ballet,
Les ayant mis hors d'aleine,
D'un fin pot de vin clairet,
Chacun bût à tasse pleine :

Puis après reprenant vent,
Recommencerent sans peine ;
Puis après reprenant vent,
En firent encor autant.

Qu'il est doux d'être comme eux,
Loin des ames curieuses,
L'on fuit les transports fougueux,
De ces vieilles furieuses :

Et danse qui le veut bien,
Toutes danses gratieuses;
Et danse qui le veut bien,
Sans que l'on en sache rien.

✳

Apportez-nous un flacon
Pour couronner nôtre danse ;
Bacchus est un Dieu si bon
Qu'il nous met toûjours en chanse :

S'il fait tomber à l'écart,
C'est pour nous mettre en cadence ;
S'il fait tomber à l'écart,
On profite du hazard !

Cent cinquante-neuviéme Air.

Hier en venant des bois,
Je l'apperçûs à la fenêtre,
All' me fit figne des doigts,
J'approch' comme un trait d'arbalêtre :

J'ôty bel & bian mon capiau,
Soudain je prin mon chalumiau;

Et j'en joüy fi doucement
Qu'alle m'aimit à l'inftant.   *bis.*

Depy ce temps, je ne vois
Ny Margot, Catau, ny Parette,
Je fy fobre & je n'y bois
Que de la pus ptite Piquette :

Je m'épargne à chaque jour,
Tout cela, pour plaire à Mamour;

Et morgué, malgré les jaloux,
Je veax être fon Epoux.   *bis.*

Si jamais le gros Lucas
S'avife de l'y fair' des meines,
Avec un gros échalas,
Je l'y faboulray la poitraine :

Jarnignaine je fy bian doux;
Mais quand parfois je fi jaloux,

Euffay-je affaire à un Giant,
Je le boutrois au niant.   *bis.*

Tout ce qu'en dit des Heros,
Morgué, quoy, ne le pige faire?
Je sens que j'ay le cœur gros,
Mon himeur est assez guerriere:

Si jamais je prends des Châtiaux,
Des Villes, Village' & Hamiaux;

Je les donray à ma Nanon.
Pour m'acquerir un grand nom.   *bis.*

J'ay résolu dès demain,
D' ly faire un présent d'importance,
De deux salieres d'étain
Tout' garnies de fayne Fayance,

De deux sabots presque tous neufs,
Qui descendent de nos Ayeux;

Et d'un biau collier d'ambre gris,
Qu'en dit être d'un grand prix.   *bis.*

En ly faisant mon présent,
J'escrivray une feine lettre,
Qui marquera en l'aimant,
Que je voudrois pouvoir ly être,

Ly dire les maux que je sens
Dans mon cœur bian profondement;

Si alle est sensible à mes feux,
Jarny, j'allons être heureux!   *bis.*

Cent soixantiéme Air.

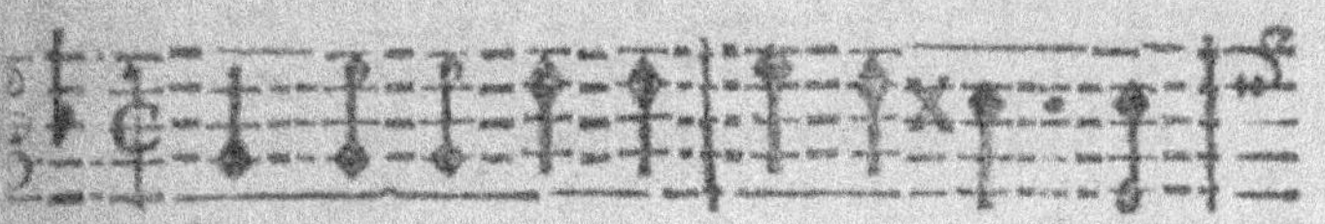

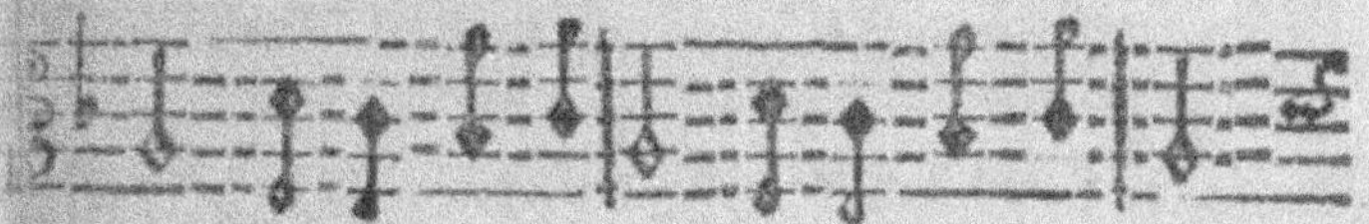

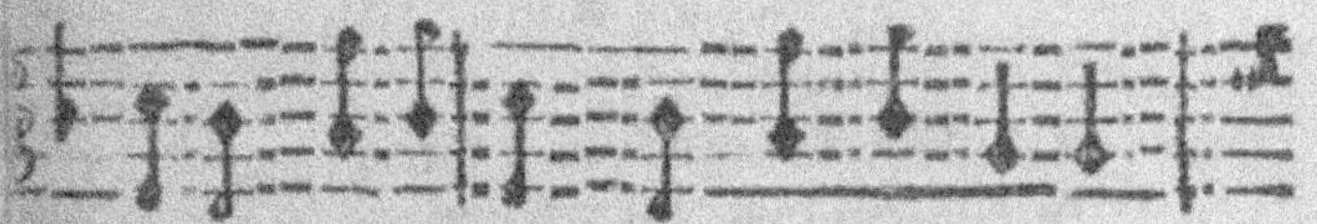

Je l'aimeray si tendrement ,
J'ay tout ce qu'il me faut , & mon bouquet pardevant
Aucune Fille de ce temps ,
Ny la Madelon ,
Ny la Jeanneton ,
Ny la Margoton ;
J'ay mon tire-lire ,
Boute-fire ,
Viron-fa Margot ma tante ;
Et quand j'en auray , ay ,
Je sçais que luy donray.

Aucune Fille de ce temps ,
J'ay tout ce qu'il me faut , & mon bouquet pardevant ;
N'aura comme moy de talent ,
Ny la Madelon ,
Ny la Jeanneton ,
Ny la Margoton ;
J'ay mon tire-lire ,
Boute-fire ,
Viron-fa Margot ma tante ;
Et quand j'en auray , ay ,
Je sçais que luy donray.

N'aura comme moy de talent,
ay tout ce qu'il me faut, & mon bouquet pardevant,
De le rendre tendre & constant,
Ny la Madelon,
Ny la Jeanneton,
Ny la Margoton;
J'ay mon tire-lire,
Boute-fire,
Viron-fa Margot ma tante,
Et quand j'en auray, ay,
Je sçais que luy donray.

De le rendre tendre & constant,
ay tout ce qu'il me faut, & mon bouquet pardevant;
Nous nous aimerons plus souvent,
Que la Madelon,
Que la Jeanneton,
Que la Margoton;
J'ay mon tire-lire,
Boute-fire,
Viron-fa Margot ma tante,
Et quand j'en auray, ay,
Je sçais que luy donray.

Cent soixante-uniéme Air.

Lisette rit, voyant Blaise,
Blaise aussi-tôt éclatta:

En disant je suis bien-aise,
Un coup de poing luy donna;

Est-ce ainsi qu'on prend les Belles,
Lon lan la, oh gué lan la?

♣

Tu me blesses, dit Lisette,
Gros Butord, que fais-tu là?

Blaise dit, par ma siquette,
Je te carressois aga;

Est-ce ainsi, &c.

♣

Te souviens-tu des galettes
Que gros Guillot te donna:

C'est moy qui les avois faites,
Mais tu n'en auras plus-dà;

Est-ce ainsi, &c.

♣

Blaise en faisant la grimace,
De Lisette s'éloigna:

Un beau Berger prit sa place,
Que bien mieux il occupa;

Est-ce ainsi, &c.

♣

D'un œil languissant & tendre,
La Bergere il regarda:

Aussi-tôt prit sa main blanche,
Et d'abord il la baisa;

C'est ainsi, &c.

♣

C iv

Lisette tournant la tête,
Doucement le repoussa :

Tircis qui n'étoit pas bête,
Sur le champ recommença ;

C'est ainsi, &c.

Il la traita d'inhumaine,
Quoique tendre, il l'éprouva :

Et tout en contant sa peine,
L'heure du Berger sonna ;

C'est ainsi, &c.

Lisette toute confuse,
Dans un Bosquet s'enfonça :

Tendre Amour, quelle est ta ruse ?
C'est-toy qui la mena là ?

C'est ainsi, &c.

Tendre Amour, envain la Belle
A son Berger résista :

Vous vous mîtes deux contre elle,
Il fallut qu'elle cédât ;

C'est ainsi, &c.

Cent soixante-deuxiéme Air.

 Nos Troupeaux vont dans les plaines
Sans crainte des Loups :

Sans craindre les Inhumaines,
Folâtrons, badinons, rien n'est si doux ;

Si l'Amour cause des peines,
Ce n'est pas chez nous.

 Quand l'Amour dans ce boccage
Fait sentir ses coups :

Pour toûjours il nous engage ;
Folâtrons, badinons, rien n'est si doux ;

Si l'Amant devient volage,
Ce n'est pas chez nous.

 Qu'à l'envi chacun s'empresse,
Unissons-nous tous :

Profitons de la jeunesse ;
Folâtrons, badinons, rien n'est si doux ;

Si l'on chante & rit sans cesse,
N'est-ce pas chez nous ?

Cent soixante-troisiéme Air.

   Le haut degré des grandeurs
Me fait peu d'envie,
On y doit aux spectateurs
Compte de sa vie :

Mais dans mon obscurité,
Je possede en liberté

Ma pinte & ma mie oh guay,
Ma pinte & ma mie.

❊

   Dans tous les brillans emplois
Qu'un sot orgüeil brigue,
On est sujet à des loix,
Dont le joug fatigue :

Pour moi libre de tous soins,
Je prens, selon mes besoins,

Ma pinte, &c.

❊

   Je ne veux point des grands mots
Estre la victime ;
De la gloire des Héros,
Je fais peu d'estime :

N'ai-je pas assez vaincu
Quand j'ai sçû mettre r cul

Ma pinte, &c.

❊

Qu'au travers de mille morts,
Sur la terre & l'onde,
On courre après des trésors
Dans un nouveau monde :

Je crois avoir tous les biens,
Lorsque dans mes bras je tiens

Ma pinte, &c.

Qu'on apprenne à grands travaux,
La Fable & l'Histoire,
Des faits anciens & nouveaux,
Je céde la gloire :

Mon sçavoir le plus profond,
C'est de bien connoître à fond

Ma pinte, &c.

Des simples & des métaux,
Cherchant l'analyse,
Pour échauffer ses fourneaux,
Le souffleur s'épuise :

Moi, souvent sans tant souffler,
Ensemble, je sçais mêler

Ma pinte, &c.

La promenade & le jeu,
N'ont rien qui me pique,
Un concert me touche peu,
Foin de la Mufique:

Je ne veux, pour m'amufer,
Que remplir & renverfer

Ma pinte, &c.

Autre fur le même Air.

ON dit qu'on trouve à Puteaux
    Belles Vendangeufes,
Colin fe fent le fang chaud,
L'humeur amoureufe:

Se ruant fur un gazon,
Il en rapporta, dit-on,

Bleffure fâcheufe au gué,
Bleffure fâcheufe.

Réponfe.

Quand on va voir à Puteaux
Filles fans parure,
Et que l'on cherche auffi-tôt
La bonne avanture:

N'eft-ce pas marché donné,
De n'en avoir rapporté

Qu'une égratignure au gué,
Qu'une égratignure?

Cent soixante-quatriéme Air.

A ce discours étonnant,
Ne sçachant que luy répondre;
Quoy! luy dis-je, mon tourment
Ne sçauroit-il vous confondre?

Non, me répondit Margot,
C'est pourquoy, n'en dites mot.

Il n'est que moy de Berger
Fidel en nôtre Village,
Les autres sçavent changer
Quand une belle est sauvage;

Eh bien, répondit Margot,
Changez, mais, n'en dites mot.

Un autre Berger que moy, 
Fatigué de son martire,
Fuyant l'amoureuse Joy,
De vous ne feroit que rire;

Eh bien, répondit Margot,
Riez, mais, n'en dites mot.

Pour se vanger pleinement
De vôtre humeur trop severe,
D'autres vous abandonnant,
S'en iroient boire à plein verre;

Eh bien, répondit Margot,
Buvez, mais, n'en dites mot.

Vous

Vous ſerez peut-être un jour
Eſclave du tendre empire,
Et nous verrons ce qu'Amour
Vous inſpirera de dire;

Eh bien, répondit Margot,
Ma foy je n'en diray mot.

Adieu, cruelle Beauté,
Qui refuſez mon hommage,
Apprenez que la fierté
Se paſſe avec le bel âge;

Je le ſçais bien, dit Margot,
Mais, je n'en veux dire mot.

Cent soixante-cinquiéme Air.

RONDEAU.

FIN.   *Reprise.*

Reprise.   Le celibat a l'avantage
D'avoir le repos en partage,
Le tintamare & le sabat
Se trouvent souvent en ménage.

Si j'avois à choisir un état,
Je fuïrois celuy de l'esclavage,
Si j'avois à choisir un état,
Je prendrois celuy du celibat.

Reprise.   Je plains les gens qui sont en cage,
Qui font des vœux à triple étage,
Le froc & le petit rabat,
Qui chantent d'un triste ramage :

Si j'avois à choisir un état,
Je fuïrois celuy de l'esclavage,
Si j'avois à choisir un état,
Je prendrois celuy du celibat.

Rondeau.   Brisons le carquois du Dieu d'Amour,
Mes Amis, si vous voulez me croire,
Brisons le carquois du Dieu d'Amour,
Sans espoir d'un amoureux retour. *Fin.*

Bacchus a couronné de gloire,
Comme il se peut voir dans l'Histoire,
Alexandre & toute sa Cour
Qui mettoient leur plaisir à boire.

Brisons le, &c.

Cent soixante-sixiéme Air.

Vous voulez m'aimer, mais envain : *bis.*

Aujourd'huy moy, Philis demain ;

Vous m'en contez, vous m'en contez toûjours,
A d'autres ; je sçais tous les tours
Du jargon des Amours.

❖❖❖

Beau Berger, je vous connois bien : *bis.*

Les serments ne vous coutent rien ;

Vous m'en contez, &c.

❖❖❖

Vôtre cœur double & scelerat , *bis.*

Est-il content ? devient ingrat ;

Vous m'en contez, &c.

❖❖❖

Ne m'arrêtez plus en chemin : *bis.*

Tircis, m'attend, adieu Colin ;

Contez-en bien, contez-en bien toûjours,
A d'autres ; je sçais tous les tours
Du jargon des Amours.

Cent soixante-septiéme Air.

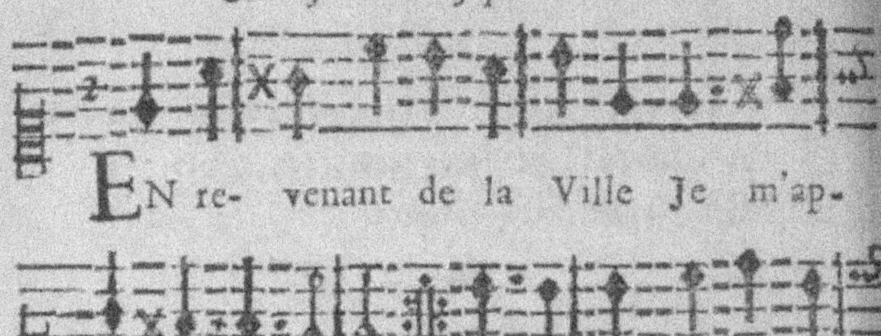

prochay d'Isabeau :   Je luy dis : La jeune

Refrain.

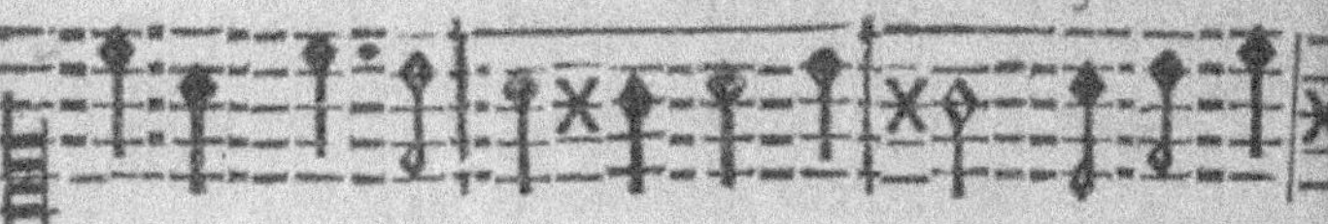

Je luy dis, la jeune Fille,
Vous mirez-vous dedans l'eau?

Pour vos yeux mon cœur grefille,
Il s'ufe comme un flambeau;

Sur le bord d'un ruiſſeau
Je moüille & je file,
Sur le bord d'un ruiſſeau
Je fais tourner mon fufeau.

Pour vos yeux mon cœur grefille,
Il s'ufe comme un flambeau:

Et s'il faut encor qu'il grille,
Vous le mettrez au tombeau;

Sur le bord, &c.

Et s'il faut encor qu'il grille,
Vous le mettrez au tombeau:

Si vous brûlez, frere Gille,
Rafraichiſſez-vous dans l'eau.

Sur le bord, &c.

✳

Cent soixante-huitiéme Air.

La

La Bergere auſſi-tôt dit,
Colin tu n'es pas ſage,
De me venir voir icy
Le long de ce rivage:

S'il étoit autour de nous
Quelque Berger qui fût jaloux,

Et qui la, la, la, la la, la,   *bis.*
L'allât dire à ma Mere.

∞

Va, va, n'apprehende rien
Mon aimable Bergere,
Tes Parents le ſçavent bien,
Ton Pere & ta Mere:

Car je leur ay dit combien
J'ay d'heritage & de bien

Le long de la, la, la, la, la, la, *bis.*
Le long de la riviere.

∞

Ton Pere m'a répondu
Comme un homme ſage,
Que j'étois le bien venu
Pour le mariage:

Et j'ay eu la liberté,
De te venir annoncer

La, la, la, la, la, la, la, la,   *bis.*
La bonne nouvelle.

∞

Ah Colin, que me dis-tu?
Je crois que tu rêves,
Ou tu-as l'esprit perdu,
Que dis-tu, acheve?

Tu dis que mon Per' t'a dit,
De me venir trouver icy;

Deſſus la, la, la, la, la, la, *bis.*
Deſſus la fougere.

     ∞

Va, tu luy demanderas,
Ma Beauté agréable,
Ce ſoir quand tu te mettras
Près de luy à table:

Et puis après tu verras,
Par ma ſoy, que je ne mens pas

De la, la, la, la, la, la, la, *bis.*
De la moindre ſyllabe.

     ∞

Puiſque cela eſt ainſi,
Je le veux bien croire;
Mais, pour être mon Amy,
Il faut me faire boire:

Si tu as bien de l'argent,
Je te prens pour mon Amant,

Dedans la, la, la, la, la, la, *bis.*
Dedans la prairie.

     ∞

Cent soixante-neuviéme Air.

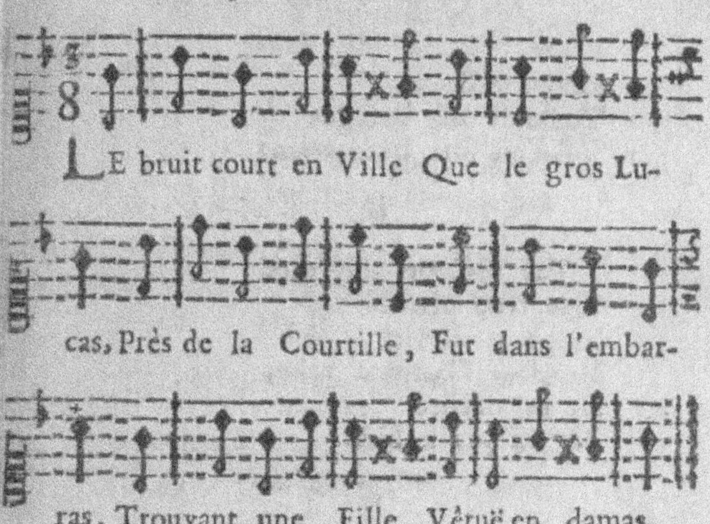

Il luy dit, Petite,
Vos talons sont bas,
N'allez pas si vîte,
Prenez-moy le bras,
De crainte à la suite
De quelque faux pas.

La fine matoise,
Lors d'un air badin,
Luy dit, maître Blaise,
Vous m'êtes cousin
Marchons à nôtre aise,
Tout droit à Pantin.

E ij

Chancelant, l'yvrogne
Luy dit en chemin,
Quand j'ay bû, Mignone,
Chopine de vin,
Toûjours ma besogne
Va d'un fort beau train.

J'ay toûjours oüy dire
Que trop peu de vin
Empêche de rire,
Rendant l'homme vain,
Et la tirelire
Ne va pas si bien.

Arrête, Cruelle,
Sous ce verd bosquet;
A mon escarcelle
J'ay mis un bouquet,
Tu verras, ma Belle,
Si je l'ay bien fait.

Sans être farouche
Luy dit, arrêtons;
Près d'elle se couche,
Sur ces verds gazons,
Pendant qu'en sa bourse
On prend ses testons.

Fatigué, l'yvrogne
Se mit à dormir
Près de sa Pouponne,
Qui chantoit ainsi :
Adieu donc Jenlogne,
Garde bien le nid.

Faut-il que je t'aime
Petit scelerat,
T'as mangé la crême,
Ce n'est pas le chat ;
Va, pauvre Boëme,
Changer de rabat.

Au réveil le drôle,
Demeura bien froid ;
Voyant ses pistoles
Hors de son gousset ;
D'être sans oboles,
Il eut grand regret.

Cent soixante-dixiéme Air.

EN revenant de la Villette, Piere Du-

bois n'a point d'jaquette :   A rencontré u-
Refrain.

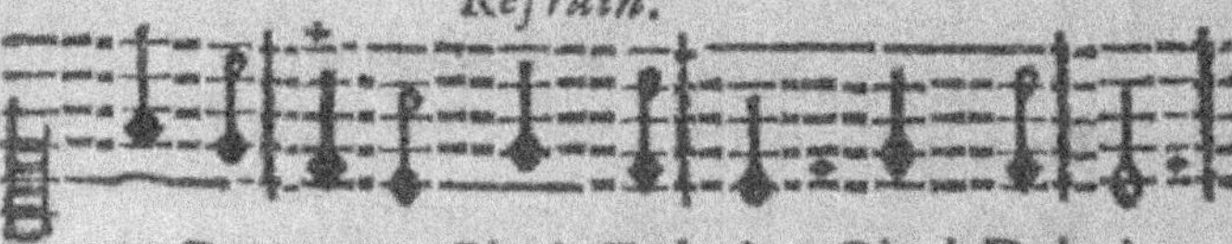

ne Brunette ; Pier' Dubois, Pier' Dubois,

Piere Dubois n'a point d'jaquette, Pier' Du-

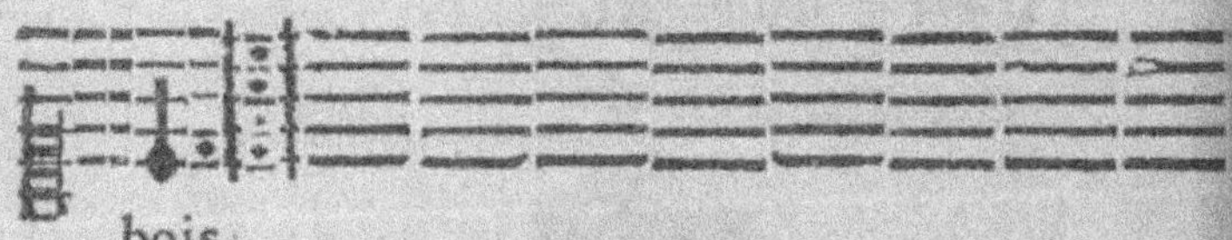

bois.

A rencontré une Brunette,
Piere Dubois n'a point d'jaquette :

Mais un bouquet de violette ;

Pier' Dubois, Pier' Dubois,
Piere Dubois n'a point d'jaquette,
Pier' Dubois.

Mais un bouquet de violette,
Piere Dubois n'a point d'jaquette :
Luy fit un compliment honnête ;
Pier' Dubois, &c.

Luy fit un compliment honnête,
Piere Dubois n'a point d'jaquette,
Difant, allons à la Guinguette ;
Pier' Dubois, &c.

Difant, allons à la Guinguette,
Piere Dubois n'a point d'jaquette ;
Nous irons boire chopinette ;
Pier' Dubois, &c.

Nous irons boire chopinette,
Piere Dubois n'a point d'jaquette :
Ell' luy fembla fi joliette ;
Pier' Dubois, &c.

Ell' luy fembla fi joliette,
Piere Dubois n'a point d'jaquette :
Quand elle tomba fur l'herbette ;
Pier' Dubois, &c.

Quand elle tomba sur l'herbette,
Pierre Dubois n'a point d'jaquette,
En criant, qu'est-ce que vous faites?
Pier' Dubois, &c.

En criant, qu'est-ce que vous faites?
Pierre Dubois n'a point d'jaquette:
Vous déchirerez ma grisette;
Pier' Dubois, &c.

Vous déchirerez ma grisette,
Pierre Dubois n'a point d'jaquette:
Et chiffonnerez ma cornette;
Pier' Dubois, &c.

Et chiffonnerez ma cornette,
Pierre Dubois n'a point d'jaquette:
Aga, quel gros badin vous êtes:
Pierre Dubois, Pier' Dubois,
Pierre Dubois n'a point d'jaquette,
Pier' Dubois.

Cent soixante-onziéme Air.

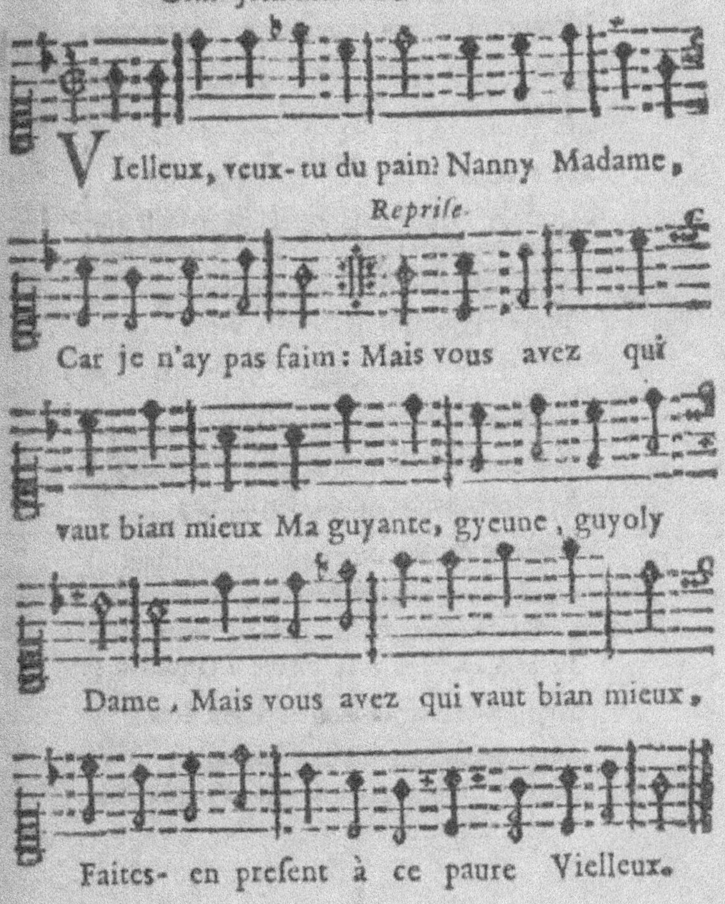

Vielleux, veux-tu du lard?
Nanny Madame, car il eſt trop char:

Mais vous avez qui vaut bian mieux,
Ma guyante, gyuene, guyoly Dame,
Mais vous avez qui vaut bian mieux,
Faites-en preſent à ce paure Vielleux.

Vielleux, que veux-tu donc?
Helas! Madame, une couple de teſtons,

Mais vous avez qui vaut bian mieux,
Ma guyante, gyeune, guyoly Dame,
Mais vous avez qui vaut bian mieux,
Faites-en preſent à ce paure Vielleux.

Cent soixante-douxiéme Air.

Colette, je ressens pour toy Plus que de

la tendresse : Un trouble, un ardeur qui me

presse, Qui me fera mourir je croy ;

Refrain.

Faute d'un certain je ne sçay qu'est-ce,

Faute d'un certain je ne sçay quoy.

Jacquet, quoiqu'un autre ait ma foy,
Laisse-moy faire, laisse :

Je me reprocherois sans cesse,
Que quelque Amant fut mort pour moy,

Faute d'un certain je ne sçay qu'est-ce,
Faute d'un certain je ne sçay quoy.

∞

La Beauté ne sçauroit de soy,
Attirer ma tendresse :

L'esprit & la délicatesse
Peuvent encore moins sur moy,

Il faut au certain je ne sçay qu'est-ce,
Il faut au certain je ne sçay quoy.

∞

Envain tu voudrois tout pour toy,
Importune sagesse :

Quand l'amour de ses traits nous blesse,
L'occasion enfrain la loy :

On cede au certain je ne sçay qu'est-ce,
On cede au certain je ne sçay quoy.

∞

Pour attirer la duppe à soy,
Iris, fait la tigresse :

Montrer d'abord trop de tendresse,
C'est faire mal valoir l'employ ;

Il faut un certain je ne sçay qu'est-ce,
Il faut un certain je ne sçay quoy.

∞

Que le Public de bonne foy
Applaudiſſe une piece :

Le fâcheux Critique ne ceſſe
D'exercer toûjours ſon employ ;

Il trouve un certain je ne ſçay qu'eſt-ce ;
Il blâme un certain je ne ſçay quoy.

∽

Tircis tu demandes pourquoy
De te fuïr je m'empreſſe :

C'eſt que pour payer ma tendreſſe,
On ſçait que tu n'as pas dequoy ;

Faute d'un certain je ne ſçay qu'eſt-ce,
Faute d'un certain je ne ſçay quoy.

∽

Pour ſuivre des Amours la loy ,
Il faut de la jeuneſſe :

Beaucoup d'argent, un peu d'adreſſe,
Et mettre ſa Belle en émoy ;

Avec un certain je ne ſçay qu'eſt-ce,
Avec un certain je ne ſçay quoy.

∽

J'étois un ſoir en déſarroy,
Tant j'avois de foibleſſe :

Loin d'avoir un peu d'hardieſſe,
Je te vis pâle & plein d'effroy ;

Faute d'un certain je ne ſçay qu'eſt-ce,
Faute d'un certain je ne ſçay quoy.

∽

Cent soixante-treiziéme Air.

La Belle prit la fuite,
Voyant mon vilain né,
Fait en pied de marmitte,
Et mon tein enfumé :

Sa fierté redoutable
Bannit tout mon espoir ;

Je ne suis pas si diable,
Que je suis noir.

La Belle je rapelle
La prenant par la main,
Je courus après elle ,
Et l'enlevay soudain :

A fléchir l'Indomptable ,
Je mis tout mon sçavoir ;

Je ne suis pas si diable,
Que je suis noir.

Je m'armay de courage
Voyant tant de Beauté ,
Et luy donnay pour gage
De ma fidelité :

Non, non, ce n'est pas fable,
Le bon jour, le bon soir ;

Je ne suis pas si diable,
Que je suis noir.

Cent soixante-quatorziéme Air.

lont

Faisons tretous une danse
A l'entour de cet Ormiau ;
Et bouttons-nous en cadence,
Pendant que le temps est biau :

Eh, voici venir Dame Barbe,
Et Jeanne la grande barbe,
Qui nous amene Ysabiau,
Vien donc ça la grosse Jeanne,
Je ne veux être qu'un âne,
Si je n'aime ton musiau.

❖

Chacun danse, & chacun vire
Autour de ce Balliviau ;
Puis gros Jean qui voulit rire,
Fit réjaillir un morviau :

Mais, Simone qui se refrogne,
Lui dit, ça hydeuse Trogne,
Cache-toy vilain Magot ;
Lors Jean fit tant la trompette,
Qu'il rompit son éguillette,
Dont il fut ma fy bien sot.

❖

La risée en fut si grande
Qu'on le hüit bien & biau,
Et la moitié de la bande,
Pensit crever son panniau :

Jean en eut la ratte demise,
Margot rompit sa chemise,
Chacun étoit tout en yau,
Catau la vieille grand' Mere,
Aussi-tôt se mit à braire,
Et chut de son escabiau.

❧

Jean se rebouttit en danse,
Et fretillit de plus biau,
Faisant le pot à deux anses,
Avec Madame Ysabiau :

Mais Piarot par la malechanse,
Fit choir la fille à Laurence,
Dessus le cul d'un tonniau,
Où le sot eut tant d'outrance,
Qu'il pensit par reverence,
En oublier son chapiau.

Cent soixante-quinziéme Air.

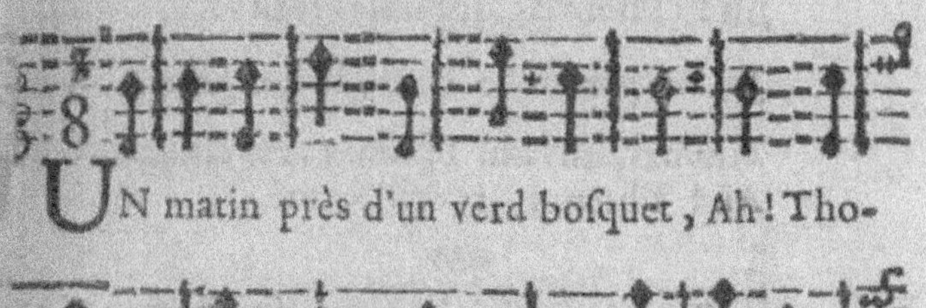

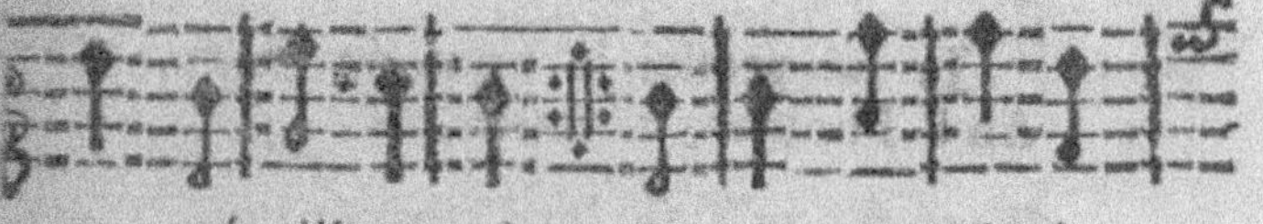

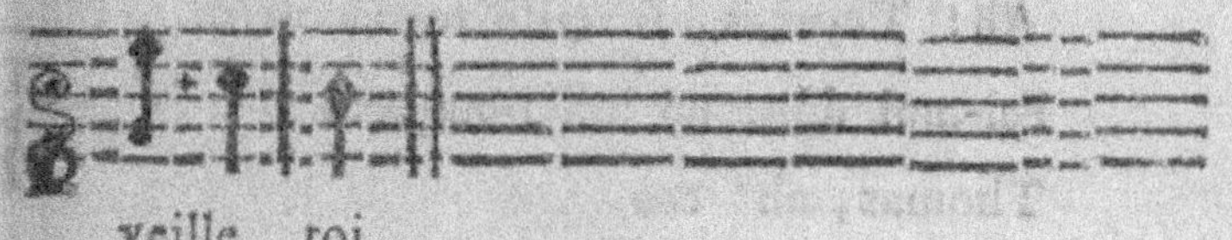

Je vis mon Ami qui dormoit,
Ah ! Thomas, réveille toi :

Je lui pressai le bout du doigt ;

Thomas, ah ! ah ! Thomas, réveille, réveille
Ah ! Thomas, réveille toi.

Je lui pressai le bout du doigt,
Ah ! Thomas, réveille toi,

Tant fis qu'il se leva tout droit ;

Thomas, ah ! &c.

Tant fis qu'il se leva tout droit,
Ah ! Thomas, réveille toi :

Et me dit, que veux-tu de moi ?

Thomas, ah ! &c.

Et me dit, que veux-tu de moi ?
Ah ! Thomas, réveille toi :

Fai-moi donc un joli bouquet ;

Thomas, ah ! &c

Fai-moi donc un joli bouquet,
Ah ! Thomas, réveille toi :

Vien l'attacher à mon bonnet ;

Thomas, ah ! &c.

Vien l'attacher à mon bonnet,
Ah ! Thomas, réveille toi :

Et dequoi veux-tu qu'il soit fait ?

Thomas, ah ! &c.

Et dequoi veux-tu qu'il soit fait ?
Ah ! Thomas, réveille toi :

De Thin, de Rose & de Muguet ;

Thomas, ah ! &c.

De Thin, de Rose & de Muguet,
Ah ! Thomas, réveille toi :

En l'attachant, sa main trembloit ;

Thomas, ah ! &c.

En l'attachant, sa main trembloit,
Ah ! Thomas, réveille toi :

Mais enfin le mit bien à droit ;

Thomas, ah ! ah ! Thomas, réveille, réveille,
Ah ! Thomas, réveille toi.

Cent soixante-seiziéme Air.

CE sont les drôles de saint-Amant,

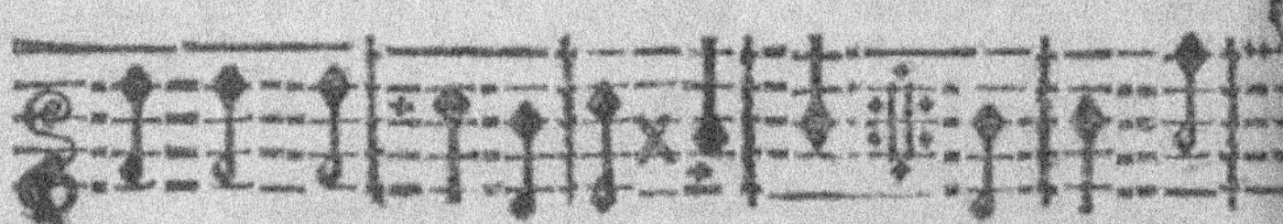

Eh ne vous estimez pas tant : Qui portent

Refrain

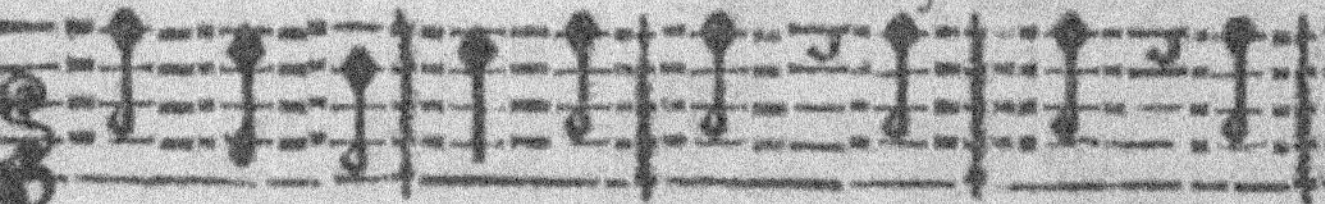

tous des bonets si grand; Houn, houn, cor-

bleu, qu'eux jeu, Et ne vous zeste, zeste,

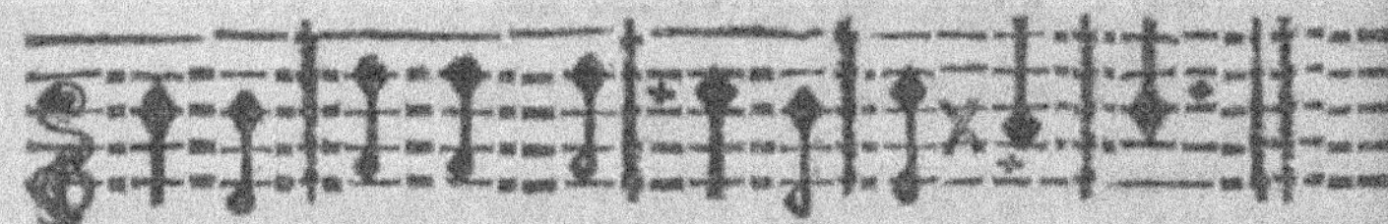

zeste, Et ne vous estimez pas tant.

Qui portent tous des bonets si grand,
Eh ne vous estimez pas tant :
Qu'ils en chassent les Vaches aux champs ;
Houn, houn, corbleu, qu'eux jeu,
Et ne vous zeste, zeste, zeste,
Et ne vous estimez pas tant.

    Qu'ils en chassent les Vaches aux champs,
Eh ne vous estimez pas tant :

Plut à l'Amour ce Dieu tout-puissant ;

Houn, &c.

    Plut à l'Amour ce Dieu tout-puissant,
Eh ne vous estimez pas tant :

Que nos Maris en cussent autant ;

Houn, &c.

    Que nos Maris en cussent autant,
Eh ne vous estimez pas tant :

Nos ménages seroient bien plaisants ;

Houn, &c.

    Nos ménages seroient bien plaisants,
Eh ne vous estimez pas tant :

J'éleverions de si biaux enfants ;

Houn, houn, corbleu, qu'eux jeu,
Et ne vous zeste, zeste, zeste,
Et ne vous estimez pas tant.

Cent soixante-dix-septiéme Air.

Ils ont tant pilé le verjus:
Que le mortier s'en est fendu;
Bon, bon, bon derirette,
Bon, bon, bon derirette oh la,
Bon, bon, bon derirette.

❊

Que le mortier s'en est fendu?
Et le pillon s'en est rompu;
Bon, &c.

❊

Et le pillon s'en est rompu?
Pierot crioit je n'en puis plus;
Bon, &c.

❊

Pierot crioit je n'en puis plus:
Margot disoit, helas! qu'as-tu?
Bon, &c.

❊

Margot disoit, helas! qu'as-tu?
Quoy, te voilà déja perclus?
Bon, &c.

❊

Quoy, te voilà déja perclus?
Rester plus long-temps, c'est abus;
Bon, &c.

❊

Rester plus long-temps, c'est abus :
Pour te refaire pren du jus ;
Bon, &c.

✻

Pour te refaire pren du jus :
Ou bien va te faire reclus :
Bon, &c.

✻

Ou bien va te faire reclus :
Tu devrois en être confus ;
Bon, &c.

✻

Tu devrois en être confus :
Car on n'aime pas les camus ;
Bon, &c.

✻

Car on n'aime point les camus :
Ces bocherons de bois tortus ;
Bon, bon, bon derirette,
Bon, bon, bon derirette oh la,
Bon, bon, bon derirette.

Cent soixante-dix-huitiéme Air.

Saint Piere aux Liens ont pris pour confrai-

rie :   Et les Bedeaux y marchent devant
Refrain.

eux ; Et places à Messieurs, & places

à Messieurs, Et places à Messieurs de

la Savatte-   rie.

Maître Toby le plus vieux de la bande,
S'est député pour aller à l'offrande :

En leur disant, laissez passer les vieux ;

Et places à Messieurs, & places à Messieur
Et places à Messieurs de la Savatterie.

❋

Maître Gervais comme le plus capable,
Aux trois Maillets a fait dresser la table :

Car en festins c'est luy qui l'entend mieux,

Et places, &c.

❋

Le premier mets, ce fut une échignée,
Des pois au lard, & de la fricassée :

Un haricot bien gras & plantureux ;

Et places, &c.

❋

Pour le dessert, il fut des plus honnêtes,
Du vieux fromage, avecque des noisettes :

Et un grand plat de marons tous véreux ;

Et places, &c.

❋

Les Femme' ont dit, voyez la diablerie,
De ces Messieurs de la Savatterie :

Ils sont si sous qu'ils tombent deux à deux,

Et places, &c.

Ce sont pourtant de grands hommes de
 guerre,
Qui sur la selle ont toûjours le derriere :

La dague au poing, le pied à l'étrieux,

Et places à Messieurs, & places à Messieurs,
Et places à Messieurs de la Savatterie.

Cent soixante-dix-neuviéme Air.

Il faisoit trop froid son doigt il gêlit :
Martin prit sa sarpe, & son doigt coupit ;
Ah ! quel dommage , Martin ,
Martin , quel dommage !

Martin prit sa sarpe, & son doigt coupit ,
Mais dans la douleur que cela luy fit ;
Ah ! quel , &c.

Mais dans la douleur que cela luy fit :
Martin prit sa sarpe, au loin la jettit,
Ah ! quel, &c.

Martin prit sa sarpe, au loin la jettit :
Son bras étoit roide un homme tuit ;
Ah ! quel, &c.

Son bras étoit roide un homme tuit :
D'abord, le Prevôt en prison le mit ;
Ah ! quel, &c.

D'abord, le Prevôt en prison le mit :
Et même à la mort il le condamnit ;
Ah! quel, &c.

Et même à la mort il le condamnit :
Allant au supplice il se récriit ;
Ah ! quel, &c.

Allant au supplice il se récriit :
De ce que j'ay fait j'en suis bien marry ;
Ah ! quel, &c.

De ce que j'ay fait j'en suis bien marry :
Pour un doigt coupé, je suis donc icy ?
Ah ! quel, &c.

Cent quatre-vingtiéme Air.

De voir sa jatte trouée,
Et son lait qui répandoit :
C'étoit dessus la montée,
Qu'elle trouva Robinet ;

Sçavez-vous comme cela s'est fait?
A bas elle est tombée.

C'étoit deffus la montée,
Qu'elle trouva Robinet,
Qui portoit une efcourgée,
Dont les Mouches il chaffoit;

Sçavez-vous, &c.

❈

Qui portoit une efcourgée,
Dont les Mouches il chaffoit:
Vous êtes bien épleurée,
A quoy bon tant de regret?

Sçavez-vous, &c.

❈

Vous êtes bien épleurée,
A quoy bon tant de regret:
Seriez-vous pas confolée,
Si l'on vous le réparoit;

Sçavez-vous, &c.

❈

Seriez-vous pas confolée,
Si l'on vous le réparoit,
Je n'en ferois pas fâchée,
Car vous êtes bien adroit;

Sçavez-vous, &c.

❈

Je n'en ferois pas fâchée,
Car vous êtes bien adroit:
Fuffiez-vous une journée
A rendre l'œuvre parfait.

Sçavez-vous, &c.

❈

Cent quatre-vingt-uniéme Air.

C'eſt ma Commere Javotte
A qui j'ay mis mon amiquié,
Alle fait fringuer ſa cotte,
Et remuë toûjours le pied :

Ah ! je l'ay fait habiller,
Je vous le ſartifie ;
Ah ! je l'ay fait habiller,
En femme de qualité.

Ne voyez-vous pas gros Piare.
Qui ſaute comme un vray pardu,
Diroit-on le voyant fare,
Que tous les jours il eſt battu :

Il en eſt bien convaincu,
Je vous le ſartifie ;
Il en eſt bien convaincu,
Car l'y même il a tout vû.

Pour la voiſine Parette,
Chacun s'en va la cajollant.
Sans façon deſſus l'herbette
On la voit avec ſon Gallant :

Et tous les jours un nouviau,
Je vous le ſartifie ;
Et tous les jours un nouviau
S'approche de ſon muſiau.

Cent quatre-vingt-deuxiéme Air.

Dans un bois à l'écart souvent
Pour bannir la melancolie,
Je luy chante bien tendrement;

J'aime le vent, le mouvement,
J'aime le vent, j'aime la pluye.

Berger, si tu raisonne tant,
Je seray bien-tôt endormie,
Faut-il te repetter mon chant;

J'aime, &c.

Je ris de ton cruel tourment,
Tes larmes ne sont que folie,
Allons vîte joyeusement:

J'aime, &c.

Je ne fais que perdre mon temps,
Tu ne connois pas ma manie,
En amour je le dis tout franc;

J'aime le vent, le mouvement,
J'aime le vent, j'aime la pluye.

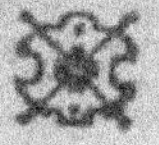

Cent quatre-vingt-troisiéme Air.

Refrain.

Je m'approche, & je luy dis,
Reveillez-vous donc, Brunette;

Voyez vôtre colerette;
Elle fait un vilain ply :

Oüy, oüy, si vôtre besogne est faite,
Je n'en suis pas à demy.

Si quelqu'un de moins poly
Vous eut rencontré seullette;

Vous croyant une coquette,
Il vous auroit assailly :

Oüy, &c.

Pour vous guerir de l'ennuy,
Ecoûtez, ma chansonnette;

J'apporteray ma Musette,
Et nous danserons icy :

Oüy, &c.

Je prendray soin d'embellir
De rubans vôtre houlette;

Et pour vous, les jours de Fête,
Un bouquet j'iray cüeillir :

Oüy, &c.

Ainsi l'amour est joly
Lorsque l'on est tête-à-tête :

Aujourd'huy dessus l'herbette,
Prenez-moy pour vôtre Amy :

Oüy , &c.

Vous n'estes qu'un Etourdy ,

Me répondit la Fillette ,

Un Berger , qui tant caquette ,
Est un pauvre Favory :

Oüy , oüy , si vôtre besogne est faite ,
Je n'en suis pas à demy.

Cent quatre-vingt-quatriéme Air.

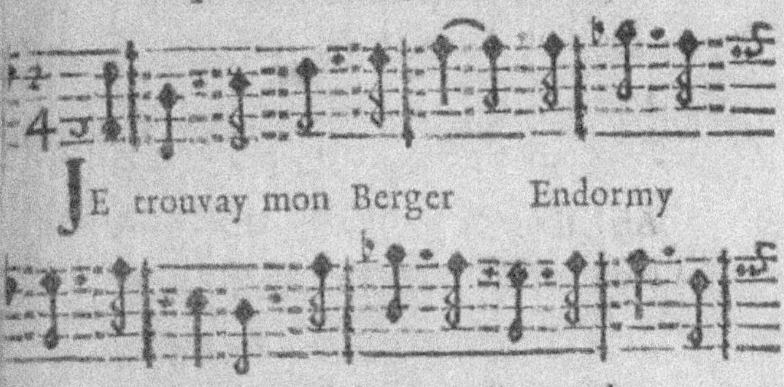

vois pas vû, Non, je ne l'aurois jamais crû.

J'héſitay d'approcher
En me voyant ſeulette :

Je craignois le danger
Que l'on court tête-à-tête :

Ah! ſi je ne l'avois pas vû,
Non, je ne l'aurois jamais crû.

Je craignois le danger
Que l'on court tête-à-tête :

Je me mis à chanter,
Filant ma quenoüillette ;

Ah ! si je ne l'avois pas vû,
Non, je ne l'aurois jamais crû.

❀

Je me mis à chanter,
Filant ma quenoüillette ;

Je le vis s'éveiller,
J'en devins guillerette :

Ah ! &c.

❀

Je le vis s'éveiller,
J'en devins guillerette ;

Je voulus le pousser
Du bout de ma houlette :

Ah ! &c.

❀

Je voulus le pousser
Du bout de ma houlette ;

Tout prêt à se fâcher,
De sa main me rejette :

Ah ! &c.

❀

Tout prêt à se fâcher,
De sa main me rejette :

Il se mit à joüer
Long-temps de sa Musette ;

Ah ! si je ne l'avois pas vû,
Non , je ne l'aurois jamais crû.

Il se mit à joüer
Long-temps de sa Musettte :

Et me dit , d'écoûter
Sa Chanson joliette ;

Ah ! &c.

Et me dit, d'écoûter
Sa Chanson joliette ;
J'eus beau le regarder,
Et paroître inquiette :

Ah ! &c.

J'eus beau le regarder,
Et paroître inquiette :

Il ne fit que rêver,
Sa bouche étoit muette :

Ah ! &c.

Cent quatre-ving-cinquiéme Air.

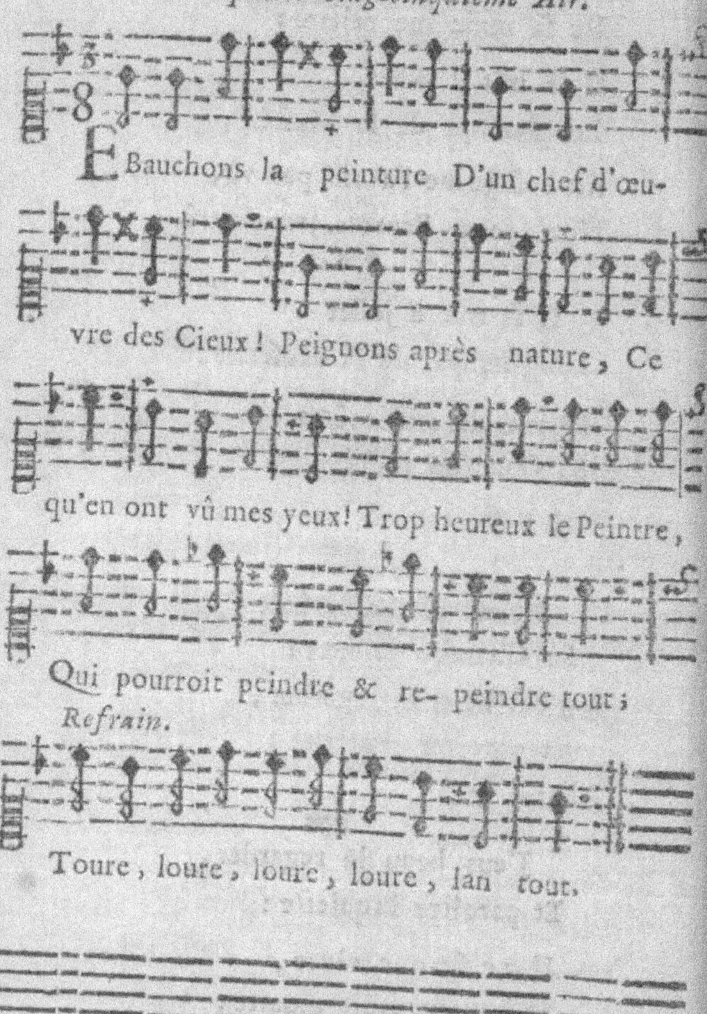

Un certain assemblage,
Un composé charmant,
Forment sur son visage,
Pour attirer l'Amant,
Un aymant touchant,
Qui fait qu'en aimant
L'on en aime tout.

Toure loure loure loure lan tout.

❖

De vous darder leur flame,
Ses yeux se font un jeu ;
Ils m'ont embrasé l'ame,
Je brûle comme un feu,
De ce feu, feu folet, folichonet,
Qui m'enflame tout.
Toure loure, &c.

❖

Un jour à sa toilette,
Je la vis sans bonet,
Gracieuse & folette,
Comme un jeune minet,
Mignonet, mignon, mignonet,
Le minet m'anime tout.

Toure loure, loure loure lan tout.

❖

Cent quatre-vingt-sixiéme Air.

Mais si je ne danse pas ,
Je ferai bien du fracas :

Je feray la guerre
A tous mes parents :

Haut le pied , Bergere,
J'en veux faire autant.

Je veux avoir un Berger,
Qui n'aime point à changer;

S'il est infidelle ,
Je le dis tout franc:

Haut , &c.

⁂

Celimene & Coridon,
On fait un las de leur nom :

Et sur la fougere ,
Pendant bien du temps:

Haut , &c.

⁂

Coridon disoit, Mamour,
Voyez quel est mon amour ?

Vous estes legere ,
Sautez hardiment:

Haut , &c.

⁂

Celimene à Coridon ,
Disoit, mon petit Mignon:

Que faut-il donc faire ,
Pour vous plaire tant ?

Haut , &c.

⁂

Le Berger la regardant,
Lui difoit, Objet charmant:
Ne fois plus fevere,
Profitons du temps:
Haut, &c.

C'eft dans ces lieux fi charmants,
Que ces trop heureux amants,
S'efforçoient de plaire,
Mutuellement:
Haut, &c.

Depuis cette occafion,
Celimene & Coridon,
Sont toûjours à faire
Dans l'éloignement:
Haut le pied Bergere,
J'en veux faire autant.

Autres

Autres sur le même Air.

QUoy ! me faudroit-il vieillir,
Sans oser me réjoüir ?

Ma sœur à mon âge,
Faisoit, m'a-t'on dit,

Son apprentissage,
A fort petit bruit.

❦

Si j'ay jamais un Amant,
Je luy dirai bien souvent :

Tandis que ma mere
Ne regarde pas,

Si tu veux me plaire,
Dansons quelques pas.

❦

Mais n'y souffrons pas de vieux,
Ils sont par trop langoureux :

Près d'une Maitresse,
Ils n'entendent rien ;

Ce n'est que tristesse,
Que tout leur maintien,

❦

Tome II.   I

Vivent ces jeunes Cadets,

A fauter toûjours tous prefts :

Mon petit cœur vole

Danfant avec eux,

Et la cabriolle

Ne s'en fait que mieux.

Belle, il n'eft rien de plus doux

Que de danfer avec vous :

Que rien ne vous gênne,

Suivez vos defirs,

C'eft un peu de peine

Pour de grands plaifirs.

Moy, j'aime les cotillons,

L'on va par fauts & par bonds :

Toûjours va qui danfe.

Pierot à Margot

Apprend la cadence

Sans lui dire mot.

Cent quatre-vingt-septiéme Air.

Figurée.

I ij

Il faut à cette Chanson exprimer ce que l'on chante par des figures ; Par exemple, dans le premier Couplet, contrefaire avec le bras un homme qui seme, ensuite se reposer, tapper des pieds contre terre, battre des mains l'une contre l'autre, & faire une pirouette à mesure que la Chanson le dit, puis se reprendre les mains au mot Avoine, avoine, pour finir en dansant.

Qui veut oüir, qui veut sçavoir   * Imiter un
Comme on fauche l'avoine , *   Faucheur.

Mon per' la fauchoit ainsi,

Puis se reposoit un ptit ,

Tappoit des pieds , battoit des mains ,
Et faisoit le tour du vilain :
Avoine , avoine , avoine ,
Le bon temps te rameine.

Qui veut oüir , qui veut sçavoir   ** Contrefai-
Comme on lie l'avoine , **   re un lieur de
                                          Gerbes.
Mon per' la lioit ainsi,
Puis se reposoit un ptit :

Tappoit des pieds , battoit des mains ,
Et faisoit le tour du vilain :
Avoine , avoine , avoine ,
Le bon temps te rameine.

Qui veut oüir, qui veut sçavoir

Comme on tasse l'avoine, *

Mon per' la tassoit ainsi,

Puis se reposoit un ptit,

Tappoit des pieds, battoit des mains,

Et faisoit le tour du vilain :

Avoine, avoine, avoine,

Le bon temps te rameine.

*Faire la fi-
gure d'un
homme qui
tasse dans
une Grange.*

Qui veut oüir, qui veut sçavoir

Comme on vanne l'avoine, ^ *

Mon Per' la vannoit ainsi,

Puis se reposoit un ptit,

Tappoit des pieds, battoit des mains,

Et faisoit le tour du vilain :

Avoine, avoine, avoine,

Le bon temps te rameine.

**Faire sem-
blant de van-
ner.*

Qui veut oüir, qui veut sçavoir

Comme l'on bat l'avoine,

Non Per' la battoit ainsi, * * *

*** *Au lieu d'achever la Chanson en cet endroit,
on court l'un après l'autre en se donnant des coups
de poings sur le dos.*

I iij

Cent quatre-vingt-huitiéme Air.

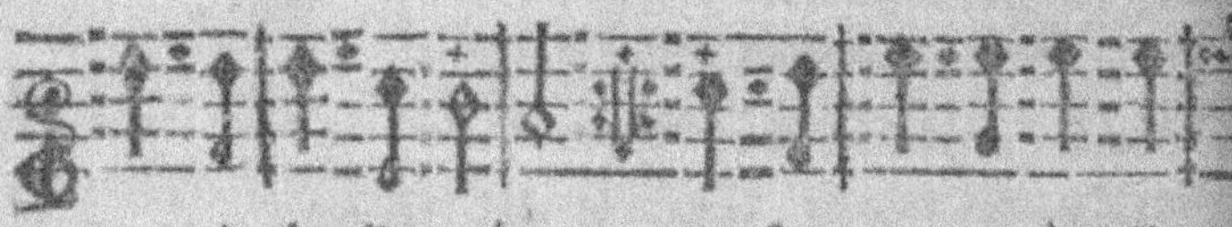

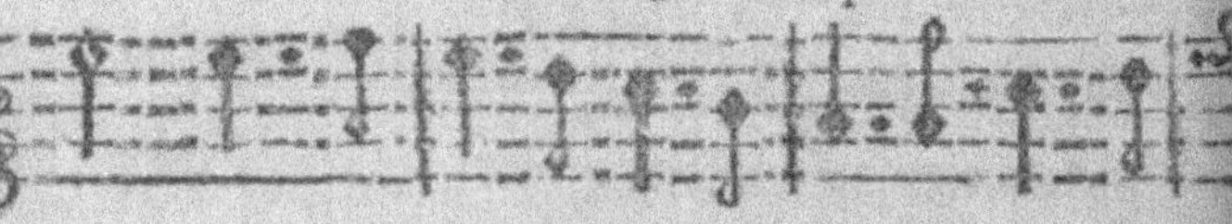

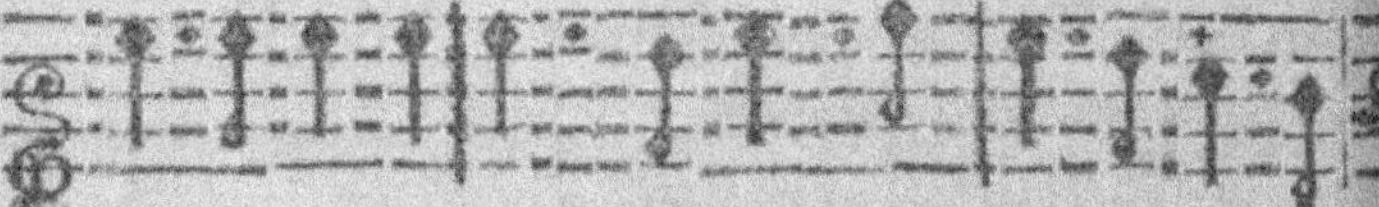

yau, Une bonne tête de viau, La soupe en-

Ce n'eſt pas pour me vanter &c. *juſqu'a la repriſe.*

J'ay encore trois vingt francs ,
Et mon petit frere autant ,
Mais c'eſt pour marier Fanfan ;
Mon compere , n'eſt-il pas temps ,
Le fils de Fiacre en eſt content.
Il me l'a demandée , Jacquet ,
Il me l'a demandée.

Ce n'eſt pas pour me vanter, &c. *juſqu'à la repriſe.*

J'ay encor dans mon biſſac ,
Des beſognes largement ,
Ma collerette avec du talc ,
Et mon gros demy ſein d'argent ,
Que m'a donné Meſſire Jean ,
Les blouque' en ſont dorées Jacquet ,
Les blouque' en ſont dorées.

I iv

Cent quatre-vingt-neuviéme Air.

Morgoy je vians de la nôce :
Tu n'as rian vû, Mathurin ;
Y s'entrassioint en carrosse,
Comme des bottes de foin,
Y n'ont les pieds pas pus gros
Que l'nez au cousin Michaux.

❖

J'avions mafy peur qu'à table
Ne se battiont à la fin,
Criant pus haut que des guyables,
Ils chantoint comme au Lutrin ;
Et pis parloint deux à deux,
En roüillant toûjours les yeux.

❖

Mais y ne s'accordoint guere,
Et tretous s'égosilloint ;
Les filles chantoient à boire,
Les Monsieux disoint to plein ;
Pargué noute Magister
Leux monteroit à chanter.

❖

La belle sarimanie,
Jarnigoy, que c'astoit biau !
La fille astoit bian jolie
Avec son petit musiau ;
Je n'aurions pas été sou
De la var, de bout en bout.

❖

Cent quatre-vingt-dixiéme Air.

La plus vieille s'écrie,
J'aime à boire tout plein ;
Car si je fais folie,
On excuse le vin :
Il rend mon Galant
    Sémillant ;
Je veux sans dire mot,
Boire en tirlarigot.

    *

La seconde plus sage,
Dit, Bacchus me déplait :
Mettons dans le bel âge
A profit nos attraits ,
Prenons un Galant ,
    Sémillant ;
Laissons sans dire mot,
Boire en tirlarigot

    *

La jeune dit , je n'ose
Déclarer mon secret ,
Mais faisons une pause
Dedans un Cabaret ,
S'il vient un Galant
    Sémillant ;
Je veux sans dire mot ,
Boire en tirlarigot.

    *

Colin , Blaise & Gregoire ,
D'abord avec respect ,
Leur verserent à boire,
Tant que l'accord fut fait ;
Qu'il faut un Galant
    Sémillant ;
Et puis sans dire mot ,
Boire en tirlarigot.

Cent quatre-vingt-onziéme Air.

Pour donner des aubades ,

Laſſy , laſſon , laſſon bredondaine ,

Pour donner des aubades ,

Aux enfans ſans ſoucy :

Que dit-il , que dit-on ,

Pataty pataton ,

Aux enfans ſans ſoucy.   *bis.*

***

Qui vont à la Taverne ,
Laſſy , laſſon , laſſon bredondaine ,
Qui vont à la Taverne ,
Pour ſe bian réjoüir ;
Que dit-il , que dit-on ,
Pataty , pataton ,
Pour ſe bian réjoüir.   *bis.*

***

Laiſſons le Roy de Parſe ,
Laſſy , laſſon , laſſon bredondaine ,
Laiſſons le Roy de Parſe ;
Vive le Roy Loüis ,
Que dit-il , que dit-on ,
Pataty , pataton ,
Vive le Roy Loüis.   *bis.*

***

Il paye bien ses drilles,
Laſſy, laſſon, laſſon bredondaine,
Il paye bien ſes drilles,
Il en eſt bien ſervy,
Que dit-il, que dit-on,
Pataty, pataton,
Il en eſt bien ſervy.

On luy a pris des Villes,
Laſſy, laſſon, laſſon bredondaine,
On luy a pris des Villes,
Et auſſi des pays,
Que dit-il, que dit-on,
Pataty, pataton,
Et auſſi des pays,

Nous marions nos filles,
Laſſy, laſſon, laſſon bredondaine,
Nous marions nos filles
A de fort bons partis.
Que dit-il, que dit-on,
Pataty, pataton,
A de fort bons partis.

Cent quatre-vingt-douxiéme Air.

Cet Automne un beau Berger
Me dit Jeanneton, ma mie,

Tu peux venir sans danger
Avec moy dans la prairie,

Aye, ay', ay', ay', ay' Jeanette,
Jeanett' ay', ay', ay'.

Nous allames simplement,
D'un Valon dans ces bois sombres;

Auprès d'un ruisseau charmant
Nous nous assimes à l'ombre,

Ay', ay', &c.

Guillaume a près de vingt ans,
Et moi j'en ai tantôt seize;

Je sçavois depuis long-temps,
Que Lucas aimoit Therese,

Ay', ay', &c.

Comme il venoit fort souvent
Dans cet endroit solitaire;

Je demandois joliment,
Berger, que venoit-il faire?

Ay', ay', &c.

Guillaume me répondit,
Tu fais ici l'ignorante,

Ton petit cœur te l'a dit,
Non pas une fois, mais trente,

Ay', ay', &c.

Il me tenoit ce discours
D'un air si doux & si tendre,

Qu'en verité des plus sourds
Il se seroit fait entendre,

Ay', ay', &c.

En vain aurois-je tâché
De m'enfuir près de Marotte,

Le drole avoit attaché
Son just-au-corps à ma cotte,

Ay', ay', &c.

Pardon, il me demanda,
Ainsi finit la querelle;

Mais je puis me vanter da,
De l'avoir échapé belle,

Ay', ay', ay', ay', ay', Jeannette,
Jeannette ay', ay', ay'.

Cent quatre-vingt-treiziéme Air.

Elle étoit prefque endormie,
Son corcet étoit ouvert :

Colas dit, qu'il étoit verd ;

Dormez-vous ?
N'eft-il donc rien dans la vie de plus doux ?

Il avoit l'ame ravie,

En la regardant toûjours :

Il l'appelloit ses amours ;

    Dormez-vous ?

N'est-il donc rien dans la vie de plus doux ?

❧

    Ce Berger avoit envie

De lui voler son bouquet,

Que luy-mesme il avoit fait :

     Dormez-vous ?

N'est-il donc rien dans la vie de plus doux. ?

❧

    Il la trouvoit si jolie,

Qu'il lui jura mille fois,

D'estre soumis à ses loix :

     Dormez-vous ?

N'est-il donc rien dans la vie de plus doux ?

❧

    Dessus l'herbette fleurie

Il se coucha doucement,

Se plaignant de son tourment,

    Dormez-vous ?

N'est-il donc rien dans la vie de plus doux ?

❧

J'eus une telle furie

De voir ce pauvre nigaut :

Que je m'écriay tout haut,

Dormez-vous ?

N'eſt-il donc rien dans la vie de plus doux

✦

Dans ce canton on publie

Qu'enfin elle ſoupira ,

Et le quittant , lui chanta ,

Dormez-vous ?

N'eſt-il donc rien dans la vie de plus doux

Cent quatre-vingt-quatorziéme Air.

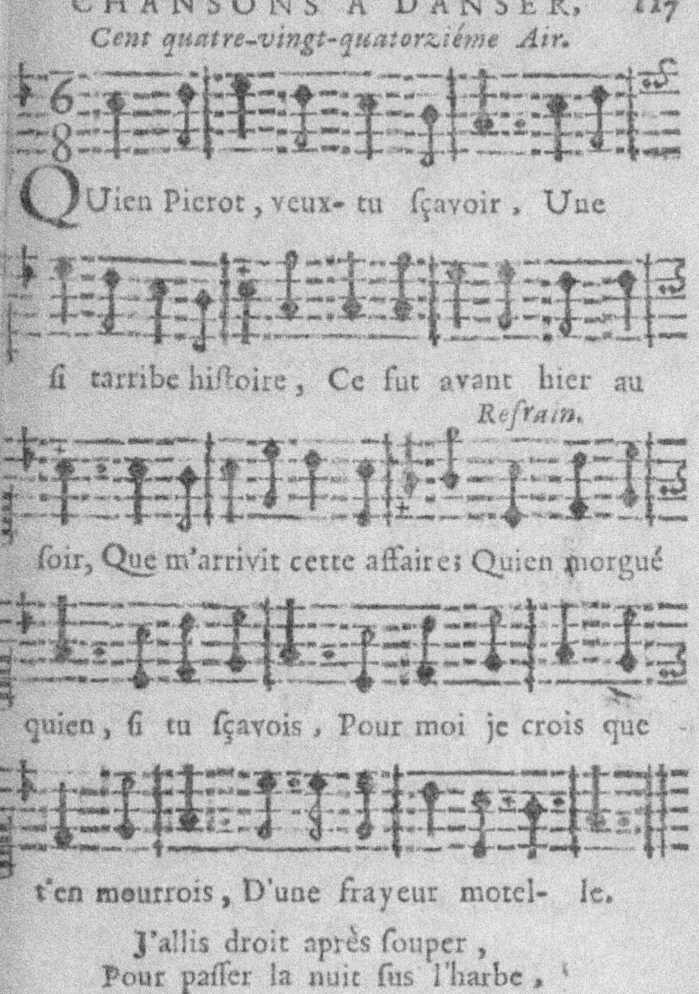

J'allis droit après souper,
Pour passer la nuit sus l'harbe,
C'étoit pour y mieux garder
Les bleds qui étoient en jarbe,

Quien morgué, quien, si tu sçavois,
Pour moi je crois que t'en mourrois,
D'une frayeur mortelle.

J'étois je ne sçai comment,
De dormir j'eus grosse envie,
De retourner promptement
Il me vint en fontaisie.

Quien , &c.

∞

Sans brit tout de go j'entris
Dedans noute masonnette ,
Aussi-tôt je m'approchis ,
Tout doux de noute couchette.

Quien , &c.

∞

Noute femme atoit au lit,
Je n'avions point de chandelle,
J'avisis un gros asprit
Tout du long couché près d'elle.

Quien, &c.

∞

Je cryis saisi d'effroi,
Comme un couchon qu'on égorge;
A moi , mes Voisins , à moi ,
Ma maison d'asprits regorge.

Quien , &c.

∞

Je m'enfouis dans un coin,
Fiché contre la muraille,
Et j'avisy de bien loin ,
Tout gros comme une futaille.

Quien , &c.

∞

A la parfin il fortit
Tout fin blanc comme une torche,
J'acoutis tout ce qu'il dit,
D'une lorgnette d'approche.

Quien, &c.

ↀↀ

Quand fut loin l'afprit fubtil,
Dis-je à noute minagere,
Va-t'en battre le fufil,
Qu'on cherche avec la lumiere.

Quien, &c.

ↀↀ

All' qui n'avoit rien fantu,
Difoit que j'étois yvrogue,
Stanpandant je n'avois bû
Danhui avecque parfonne.

Quien, &c.

ↀↀ

Faut qu'ait des gens bien méchans,
De venir de l'ourre monde,
Faire peur aux pauvres gens,
Et pis après qu'en les gronde..
Quien, &c.

ↀↀ

J'ai juré quand y vianra,
Pis qu'alle y raille fon homme,
De fouir & la laiffer-là
A la marci du fantome.

Quien morgué quien, fi tu fçavois,
Pour moi je crois que t'en mourrois
D'une frayeur mortelle.

Cent quatre-vingt-quinxiéme Air.

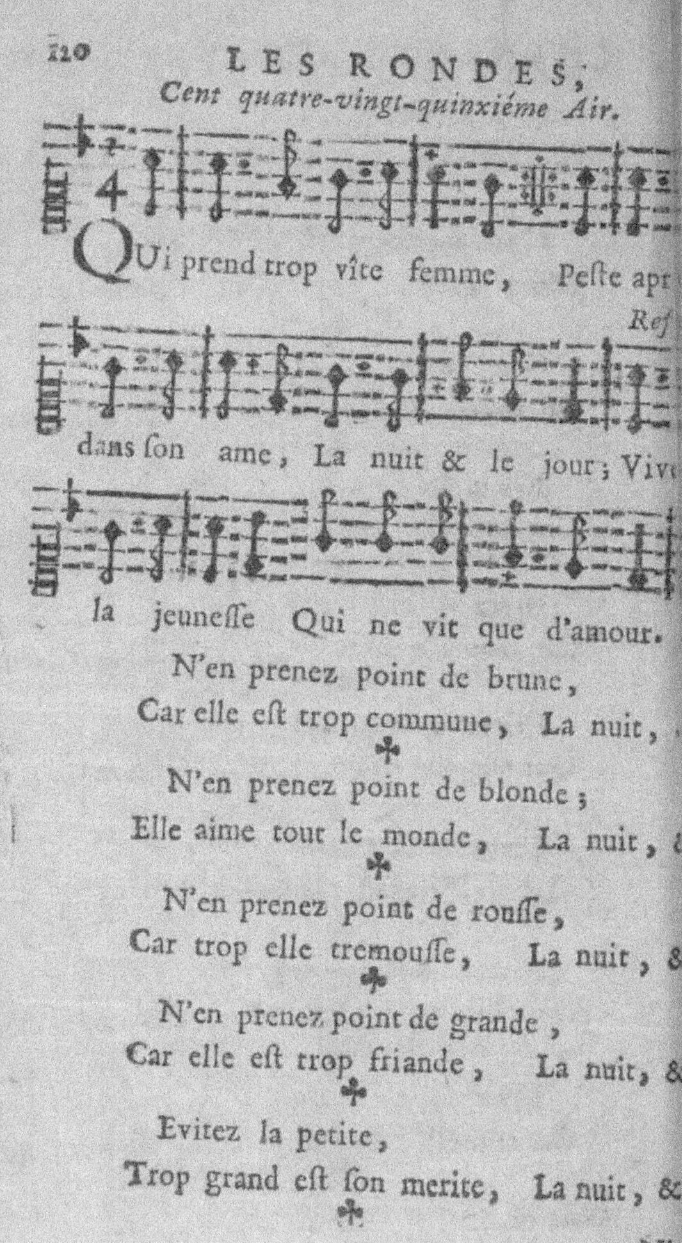

N'en prenez point de brune,
Car elle est trop commune, La nuit,
✠

N'en prenez point de blonde ;
Elle aime tout le monde, La nuit,
✠

N'en prenez point de rousse,
Car trop elle tremousse, La nuit, &
✠

N'en prenez point de grande ,
Car elle est trop friande, La nuit, &
✠

Evitez la petite,
Trop grand est son merite, La nuit, &
✠

N'e

N'en prenez point de groffe,
Ce n'eft qu'un vrai coloffe,   La nuit, &c.

N'en prenez point de maigre,
Elle a le cœur trop aigre,   La nuit, &c.

N'en prenez point de graffe,
On trouve trop de craffe,   La nuit, &c.

Evitez la menuë,
Car trop elle remuë,   La nuit, &c.

Fuyez la babillarde,
Car trop elle hazarde,   La nuit, &c.

Evitez la fournoife,
Qui cherche toûjours noife,   La nuit, &c.

Fuyez la faineante,
Qui n'eft jamais contente,   La nuit, &c.

Evitez la Coquette,
Qui cherche un tête-à-tête,   La nuit, &c.

Fuyez la précieufe,
Car elle eft trop quinteufe,   La nuit, &c.

Evitez la Bigotte
Qui sans cesse ragotte,   La nuit, &c.

✤

Ne prenez point de prude,
Elle a l'esprit trop rude,   La nuit, &c.

✤

Evitez l'yvrognesse,
Elle a trop d'hardiesse,   La nuit, &c.

✤

Ne prenez point d'avare,
Son interêt l'égare,   La nuit, &c.

✤

Evitez l'étourdie,
Elle feroit folie,   La nuit, &c.

✤

Fuyez une joüeuse,
Elle est toûjours tricheuse, La nuit, &c.

✤

Fuyez une prodigue,
Elle aime trop l'intrigue,   La nuit, &c.

✤

Fuyez une sçavante,
Elle est trop méprisante,   La nuit, &c.

✤

Prenez de ces Brunettes,
Elles sont joliettes,   La nuit, &c.

✤

Cent quatre-vingt-seiziéme Air.

Endimion & Diane,
S'aimerent moins tendrement,
Bacchus auprès d'Ariane,
N'étoit pas si tendre Amant :

Jean aime Jeane,
Jeanne aime Jean,
Joli , joli , Jean,
Aime jeune Jeane,

Jeane, jeune Jeane
Aime joli Jean.

∞

Dans une simple cabane,
Comme en un Palais brillant,
Jean reçoit l'amour de Jeane,
Et Jeane celui de Jean :

Jean , &c.

∞

Si l'amour de Jeane est grande,
Grande est l'amitié de Jean ;
Ce que l'un des deux demande,
L'autre aussi-tôt y consent :

Jean , &c.

∞

Toûjours dit oüi, nôtre Jeane,
Et non , jamais ne dit Jean ;
Ce que l'un des deux condamne,
L'autre aussi-tost le défend :

Jean , &c.

∞

Quand on voit paroître Jeane,
On voit bien-tost venir Jean ;
On voit bien-tôt venir Jeane,
Quand on voit paroître Jean :

Jean, &c.

❧

Quand Jean trinque sa tocane,
Jeane taupe à son Amant,
Comme dans l'eau vit la Cane,
Le vin est leur élement :

Jean, &c.

❧

Jamais leur teint ne se fane,
Car ils mettent fort souvent,
D'un coloris diaphane,
Qui le rend vif & brillant :

Jean, &c.

❧

Tous deux en paix, sans chicane,
Cuvent leur vin en dormant,
Si l'amour réveille Jeane,
Il réveille bien-tost Jean :

Jean, &c.

❧

Apprenez, Amant prophane,
A former des nœuds charmants ;
Sur l'amour de Jean de Jeane,
Reglez vos engagements :

Jean, &c.

❧

Autres, sur le même Air.

JEan ne fait rien que pour Jeane,
Et Jeane fait tout pour Jean ;
Jean aime tout avec Jeane,
Jeane n'aime rien sans Jean :

Jean aime Jeane,
Jeane aime Jean,
Joli, joli Jean aime jeune Jeane.
Jeane jeune Jeane
Aime joli Jean.

On n'a qu'à chagriner Jeane,
Si l'on veut voir pleurer Jean ;
Si l'on veut voir rire Jeane,
On n'a qu'à divertir Jean :

Jean aime Jeane, &c.

Jean met la table avec Jeane,
Jeane s'y place avec Jean ;
A tout ce que touche Jeane,
Aussi-tôt veut goûter Jean :
Jean aime Jeane, &c.

De sa main l'aimable Jeane,
Remplit le verre de Jean ;
Toûjours la tasse de Jeane,
S'emplit de la main de Jean :

Jean aime Jeane, &c.

Quand vous voyez coucher Jeane,
Aussi-tôt se couche Jean ;
Jean ne dort pas près de Jeane,
Jeane veille auprès de Jean :

Jean aime Jeane , &c.

Comptez les soûpirs de Jeane,
Je vous dirai ceux de Jean ;
Jean commence avecque Jeane,
Jeane finit avec Jean :

Jean aime Jeane , &c.

Si toute Maîtresse est Jeane ;
Et si tout Amant est Jean ;
La femme est une autre Jeane,
Et l'époux un autre Jean :

Jean aime Jeane,
Jeane aime Jean,
Joli, joli Jean aime jeune Jeane,
Jeane jeune Jeane
Aime joli Jean.

On trouve cet Air , à deux , page 146. Année 1717.

Le Mariage de Jean & de Jeane,
sur le même Air.

JEan vient donc d'épouser Jeane,
Jeane est la femme de Jean ;
Jean ne reconnoît plus Jeane,
Et Jeane méconnoît Jean :
Jean gronde Jeane,
Jeanne fuit Jean,
Mary, mari Jean gronde jeune Jeane,
Femme, femme, Jeane
Fuit Mary Jean.

Tout ce qui revient à Jeane,
Est sûr de déplaire à Jean ;
Quand vous verrez rire Jeane,
Vous entendrez gronder Jean :
Jean gronde Jeane,
Jeane fuit Jean :
Mary, mari Jean gronde jeune Jeane,
Femme, femme Jeane
Fuit mary Jean.

Les mets qui ragoutent Jeane,
Soulevent le cœur à Jean ;
Le lit où va coucher Jeane,
Ce n'est plus le lit de Jean :
Jean gronde Jeane,
Jeane fuit Jean.
Mary, mari Jean gronde jeune Jeane,
Femme, femme Jeane
Fuit mary Jean.

Le jour qu'expirera Jeane,
Sera le beau jour de Jean,
On ne verra danser Jeane,
Que sur la fosse de Jean :
Jean gronde Jeane.
Jeane fuit Jean,
Mary, mari Jean gronde jeune Jeane,
Femme, femme Jeane
Fuit mary Jean.

Cent quatre-vingt-dix-septiéme Air.

Reprise.

Colin dessus sa Musette,

Joüoit d'un fort joli ton,

Et comme un petit mouton

Bondissoit dessus l'herbette :

Ah ! Robin, tai-toi, j'en sçai bien,

J'en sçai bien, j'en connois bien d'autres

Qui font comme moi.

Tu lui disois, éperduë,

Et d'une aimable façon,

Cher Colin, repete donc ?

Cet Air dont je suis émuë :

Ah, Robin, &c.

De cent plaisirs transportée,

Tes yeux sembloient s'aveugler,

Sans qu'on t'entendit parler,

Tu paroissois agitée,

Ah, Robin, &c.

Sans me tromper, ma Bergere,

Je vois quelle est ton humeur,

Que pour te gagner le cœur.

Ma Chanson fait cette affaire :
Ah, Robin, &c.

* * *

Sur le bord d'une fontaine,

Colin joüoit l'autre jour

Un Air si rempli d'amour,

Qu'il marquoit toute sa peine :

Ah, Robin, &c.

* * *

Je dis sur l'heure à ma Mere,

Que mon cœur étoit touché ;

Mais, elle m'a demandé,

S'il avoit de quoi me plaire :

Ah, Robin, tai-toi, j'en sçai bien,

J'en sçai bien, j'en connois bien d'autres

Qui font comme moy.

Cent quatre-vingt-dix-huitiéme Air.

Gay.

Tous les autres jeux du Village ;
N'ont plus de charmes pour moi,
Je ne sçai pas bien pourquoi
Celui-la me plût davantage :
Ah ! qu'il est doux , qu'il est charmant ,
Le jeu que m'apprit mon Amant !

Je croyois être moins habile ,
Qu'en effet je ne le fus ;
Quatre ou cinq leçons au plus ,
Me le rendirent plus facile :
Ah ! qu'il est doux , &c.

Voicy comme le jeu commence ,
Le trouble peint dans les yeux
L'amour doux & gracieux ,
Mon Berger près de moy s'avance :
Ah ! qu'il est doux , &c.

Il me regarde & puis soupire ;
Et d'un ton naïf & doux ,
Il me dit à mes genoux ,
Bergere , laissez-vous instruire :
Ah ! qu'il est doux , &c,

Dans l'ardeur qui brûle son ame,
Il me demande un baiser,
Je feins de le refuser,
Ce refus tous deux nous enflame :

Ah ! qu'il est doux , &c.

⁂

Je suis jeune, & ce qui m'étonne,
Je ne sçai plus où j'en suis,
Je veux parler, je ne puis,
La force, & la voix m'abandonne :

Ah ! qu'il est doux , &c.

⁂

Je reviens de mon trouble extrême,
Mais, qu'aperçois-je, grands Dieux !
Mon Berger tout soucieux,
Presqu'aussi troublé que moi-même :

Ah ! qu'il est doux, &c.

⁂

C'est le joli jeu d'amourette ;
Vous toutes qui le jouez,
Avec franchise avoüez
Qu'il est doux, quand on le repete,

Le jeu mignon, le jeu charmant,
Le jeu que m'apprit mon Amant.

⁂

Cent quatre-vingt-dix-neuviéme Air.

Si je parle tu t'offenses,
Tu grognes si je me tais,
Lorsque je me plains tu danses,
Quand je ris, je te déplais :
A ton oreille mal-faite
Mes Chansons ne vallont rien ;
Et ma tant douce Musette
N'est qu'un instrument de chien.

*

D'un plein pot de marjolaine,
Quand je te fis un present
Aussi-tôt pour son étraine,
Tu le cassis moi present :
Si j'en eûs crû mon courage
Aprés ce biau grand marcy ;
Ma main qui boüilloit de rage,
T'eut cassé la gueule aussi.

*

L'autre jour d'un air hounête,
Quand je t'ôtis mon chapiau,
Plus vîte qu'une Arbaleste,
Tu le fis sauter dans l'iau :
Et pis d'un ton d'arrogance,
Sans dire ny qui ny quoy ;
Tu me baillis l'ordonnance
De m'approcher loin de toy.

*

Stanpendant, quoique tu dise,
Je ne puis quitter ces lieux ;
Et quoique tu me méprises,
Par tout je suivrai tes yeux :
Je m'en veux mal à moi-même ;
Mais quand on est amoureux,
Un cheveu de ce qu'on aime,
Tire plus que quatre bœux.

Pour te mettre en oubliance,
A d'autres j'ay fait la cour ;
Mais par cette manigance,
Tu me baillis plus d'amour :
Je crois que tu m'enforcelles,
Car à mes yeux ébaubis ;
Auprés de toi les plus belles
Ne font plus que du pain bis.

*

Chacune de tes deux jouës
Semble une pomme d'apis,
Comme deux centres de rouës
Tout à plain font tes fourcils :
Tes yeux plus noirs que deux marles,
Semblent mouchés dans du lait ;
Et tes dents un rang de parles,
Bian égal & tout complet.

*

Pour ta bouche alle eſt plus rouge,
Que n'eſt la crête d'un cocq,
Et ta gorge qui ne bouge,
Paroît plus ferme qu'un roc :
Quand au reſte il m'en faut taire,
Car je ne l'ai jamais vû ;
Mais je crois que tu dois faire,
Sous le linge un biau corps nu.

*

Par la morgué queu dommage,
Que tant de balles biautez,
Ne foyont pour tout potage,
Qu'un fac plein de duretez :
Quand fur ton himeur revéche
Je rumeine en mon cerviau ;
Tu me femble' être une pêche,
Dont ton cœur eſt le noyau.

Le Soleil qui fond la glace
N'est pas plus ardent que moy,
Comme un gueux de sa besace
Mon cœur est jaloux de toy :
Au grand Colas qui te lorgne
Je veux pocher les deux yeux ;
Ou du moins en faire un borgne,
Si je ne puis faire mieux.

*

Avec lui dans nos prairies,
Tu t'en vas batifoler ;
Vous jasez comme deux pies,
Et moy je n'ose parler :
Il t'agace, il te chatoüille,
Il te frotte le groiin ;
Et moy d'abord que je groüille,
Tu me flanques un coup de poin.

*

Sangué voi-tu, Catheraine,
Je n'y sçaurois plus tenir,
Je créve dans ma poitrenne,
Il faut changer ou finir :
Tu me prens pour une bûche,
Parce que j'ay l'air benin ;
Mais tant à liau va la cruche,
Qu'alle se brise à la fin.

*

Quand j'aime une Criature,
Jarnigoy c'est tout de bon,
Je suis doux de ma nature,
Autant & plus qu'un mouton :
Mais quand mon himeur sincere,
N'est payé que de rebut,
Dame, alors dans ma colere,
Je fis pire qu'un cerf en rhut.

*

Réponse de la Catheraine à Pierrot.
sur le même Air.

NE met point dans ta caboche,
  Pierrot d'être mon époux,
Si pour moindre socq qui cloche,
Tu montre' un esprit jaloux :

Avec un vilain reproche,
Dont tu me veux blasonner ;

Tu me prens pour une cloche,
Que tout venant peut sonner.

      ⟨✳⟩

Sçais-tu ce qu'il te faut faire,
Pour devenir mon Amant,
Il faut tout voir & se taire,
Paroître toûjours content :

Avec un biau caractere,
Faire mine à gros Guillot ;

En dépit de la misere ,
Feras bien boüillir ton pot.

      ⟨✳⟩

Au pardessus de ma dote
Je te donne un juste-au-corps,
D'un drap plus biau que ma cotte,
Et de couleur de fin or :

Par là je veux que tu sçache
Ce que vaut mon pot au lait ;

T'offrant encor la panache,
Qui manque sur ton boner.

A ce prix-là, Catheraine
Meritera bien ta foy ;
Sur tout point d'himeur chagraine,
Si l'on te montre du doigt :

Tu peux dans cette rencontre
Te tenir des plus heureux ;

Mieux vaut d'un doigt qu'on te montre,
Que d'être montré des deux.

***

Pierrot, fini ta legende,
Pourquoy me tant quereller,
Si tu veux que je me rende,
Il faut autrement parler ;

Je t'ai souvent mis à même,
Mais tu n'es qu'un pauvre sot ;

Qui n'a jamais de soy-même
Sçû comprendre à demy mot.

***

Lorsque tu me fais la meine
De ce que je vois Lucas,
Et que ton himeur chagraine
S'oppose à tous mes ébats :

Tu me parois plus étrange
Que le chian du Jardinier ;

Qui ne veut pas qu'on luy mange
L'harbe qu'il ne peut brouter.

***

trouve cet Air, à deux, page 206. ann 1706.

Deux cent & dernier Air.

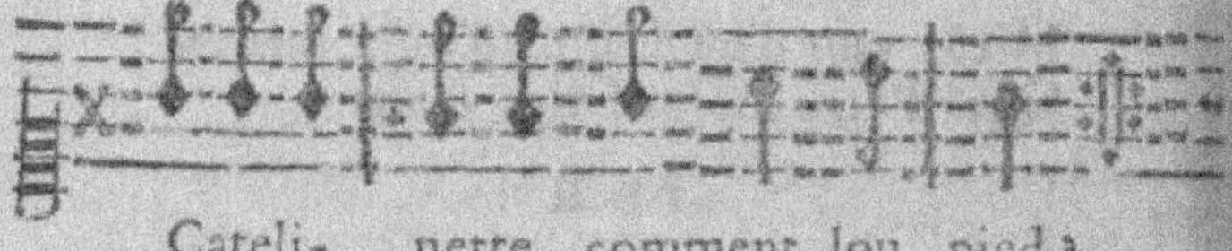

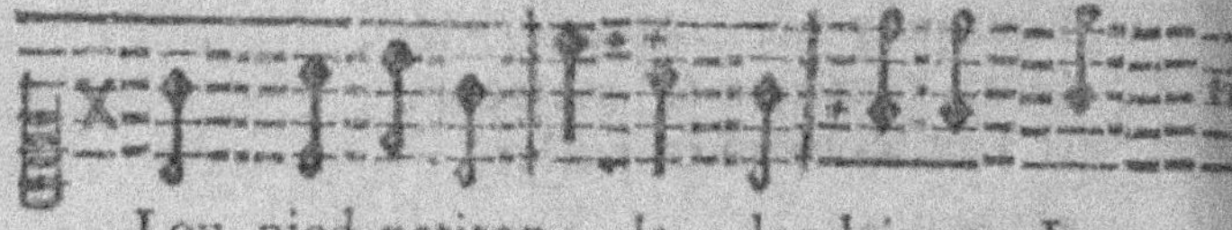

Deuxiéme Couplet.

gambe longuette.... *Repeter sur le même ton,
mesure que les Couplets sont augmentez, & toûjours
même Refrain cy-dessous pour finir.*

REFRAIN.

La Catelinette, comment lou guenoux ? *bis.*

Lou guenoux tout rond,
Lou gambe longuette ;
Lou pied petiton, &c.

La Catelinette, comment lou main ? *bis.*

Lou main rondelette,
Lou guenoux tout rond,
Lou gambe longuette ;
Lou pied petiton, &c.

La Catelinette, comment lou soucy? *bis.*

Lou soucy bien fait,
Lou main rondelette,
Lou guenoux tout rond,
Lou gambe longuette ;
Lou pied petiton, &c.

La Catelinette, comment lou piau ? *b.*

Lou piau bien blanchette,
Lou foucy bien fait,
Lou main rondelette,
Lou guenoux tout rond,
Lou gambe longuette ;

Lou pied petiton, &c.

La Catelinette, comment lou menton ? *bi.*

Lou menton duret,
Lou piau bien blanchette,
Lou foucy bien fait,
Lou main rondelette,
Lou guenoux tout rond,
Lou gambe longuette ;

Lou pied petiton, &c.

La Catelinette, comment lou bouche ? *bi.*

Lou bouche vermeille,
Lou manton duret,
Lou piau bien blanchette,
Lou foucy bien fait,
Lou main rondelette,
Lou guenoux tout rond,
Lou gambe longuette ;

Lou pied petiton, la dondaine,
Lou pied petiton, ma dondon.

Fin des Rondes.

LES

LES
ONTRE-DANSES
PARODIE'ES.

L'ANCIEN COTTILLON.

JE ne puis plus resister   à tous les feux qu
partent de vos yeux, Iris, on ne fut jamais plus amoureux, Favorisez   mes vœux:
Vous sans crainte, Moy sans   feinte, Disons-
nous cent fois tous les deux: M'aimez-vous Tircis, Je vous aime Iris, J'en atteste   les
Dieux!   Ah! que nous serons heureux!

LA JALOUSIE.

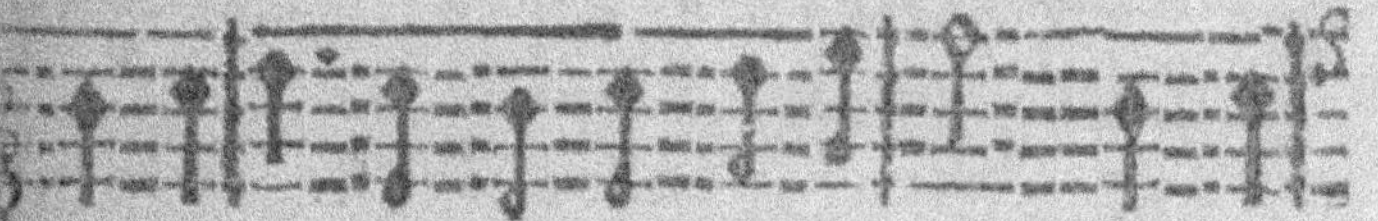

Reprise.

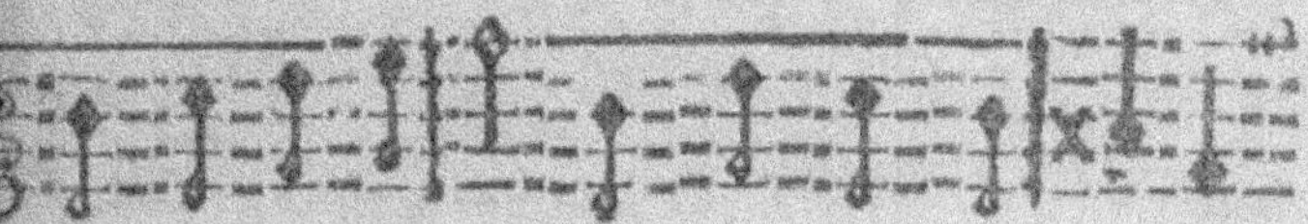

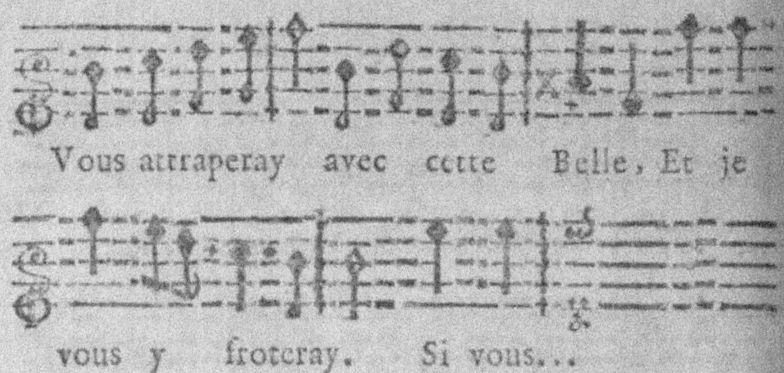

LA BACCHANTE.

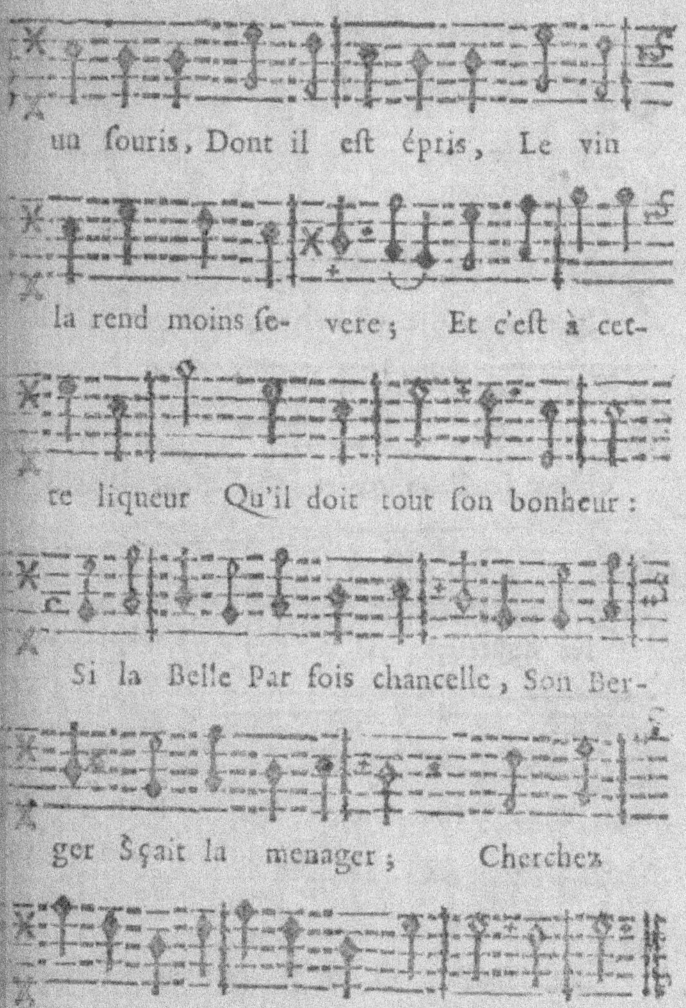

un souris, Dont il est épris, Le vin
la rend moins se- vere; Et c'est à cet-
re liqueur Qu'il doit tout son bonheur:
Si la Belle Par fois chancelle, Son Berger Sçait la menager; Cherchez
seulement, fidel Amant, Ce bon moment

L'AMOUREUSE.

Que l'on goûte un bien su- prême,
Quand on est aimé comme on aime, Ce n'est
qu'aux sensibles cœurs, Qu'amour dispense
ses douceurs: Il est des moments précieux, Délici- eux, Que ce Dieu n'accor-
de jamais, Qu'en blessant de ses traits,
Sans cesse de nouveaux plaisirs, Se mêlent

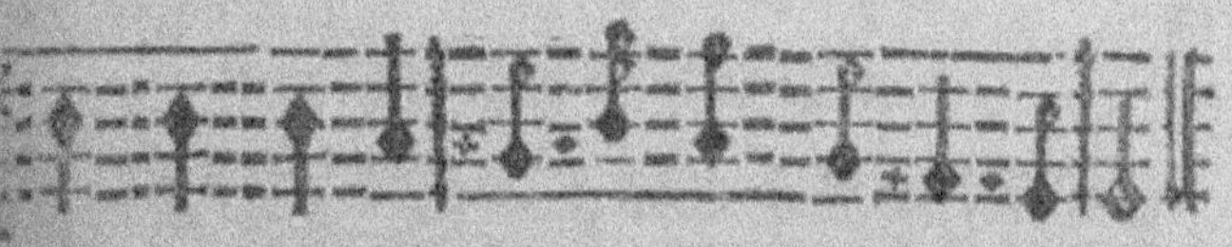

LA FANATIQUE.

LE CORDON BLEV.

le cul d'un tonneau. Ce guerrier en...
LA JEUNESSE.
IRis, fiere & cruelle, Meprise un a-
mant fidelle, L'Amour, de certe Belle,
Ne peut flé- chir la rigueur: Il t'en
céde tout l'honneur, Bacchus, donne contre elle à ta liqueur, Certain attrait vainqueur:
Quel triomphe, fi fon cœur, Frapé de ta

LE COTTILLON.

LE GAGNE-PETIT.

Cette Contre-danse est imprimée, page 1. avec
beaucoup d'autres Couplets.

LA LIRETTE.

ON croit bien garder son troupeau,
Contre un Loup qui le guette :
On dit qu'on périra plûtôt ;
Mais dès qu'on voit la Bête,
Adieu le mouton, lirette,
Liron, lire, liron, lirette.

LA FRESNE.

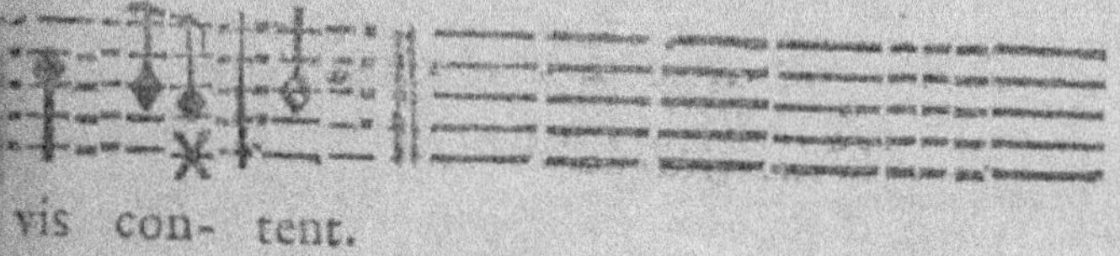

LA JEANNETON.

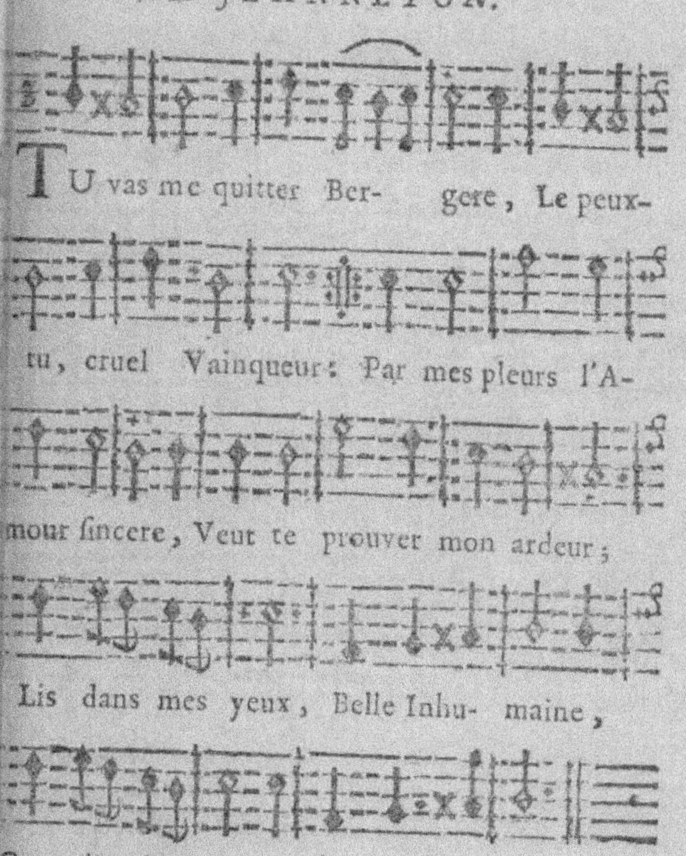

LES RONDES,

LA PETARDE.

Cet Air a des Couplets cy-devant, page 54.

LA NATURELLE.

Rondeau. *LA SURPRISE.*

LA BAVAROISE.

DAns nos beaux ans, Nous goûtons le plai-

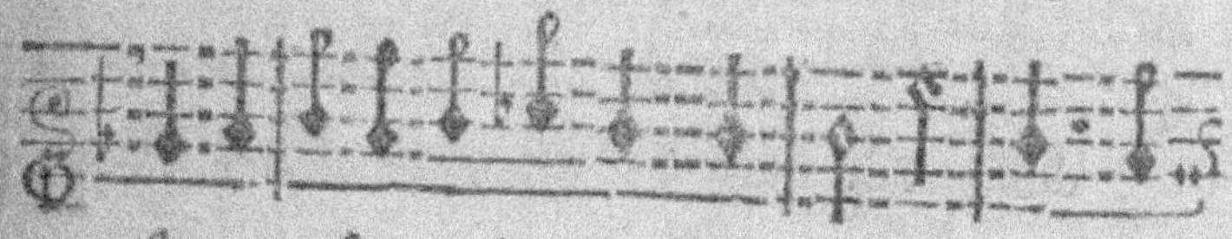

sir avec ses agréments, Nul soin fâcheux, Ne

vient jamais troubler nos jeux : Du Dieu d'a-

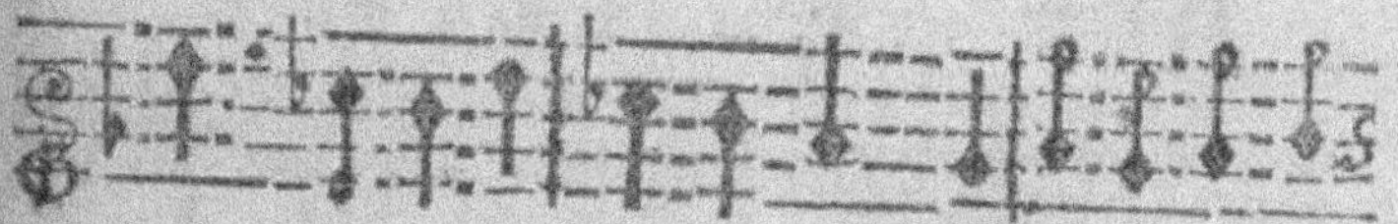

mour, Un jeune cœur est presque assûré du re-

tour, Et rarement Il souffre un long tour-

ment, Avec Bacchus, S'il s'endort, il s'éveille en faveur de Venus: Moments ſi

doux, Pourquoy ſi- tôt nous quittez- vous?

LA BABET.

AUſſi- tôt qu'on cherche à nous plaire,
On paroît doux, tendre & poly, Mais on a-
git d'autre maniere, Quand on eſt devenu Mary: Pour éviter ce ton ſevere,

Je ne penfe qu'à volti- ger; Allons gay,

allons gay mon Berger, Aimons- nous,

fans nous engager; Auffi- tôt qu'on cher-

che à nous plaire, On paroît doux, tendre & jo-

ly, Mais on agit d'autre maniere,

Quand on eft devenu Mary; Que de fer-

ments d'être fincere, S'évanoü- iffent

à l'inftant : Allons gay, allons gay mon A-

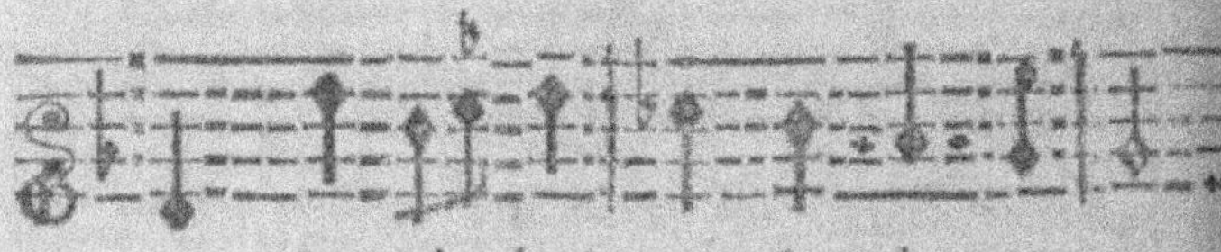
mant, Je crain-drois trop le changement ;

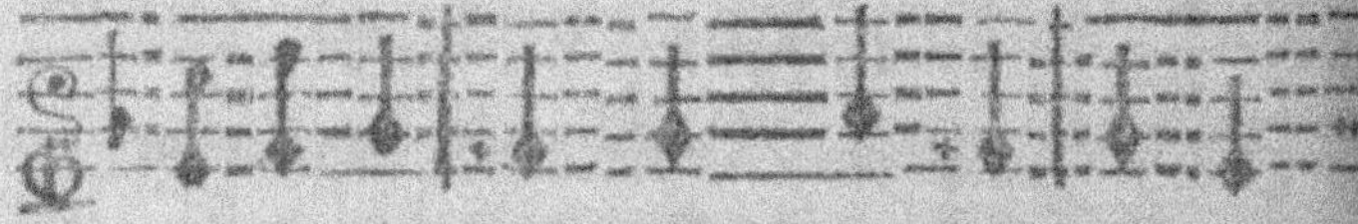
Auffi- tôt qu'on cherche à nous plaire,

On paroît doux , tendre & poly , Mais on a-

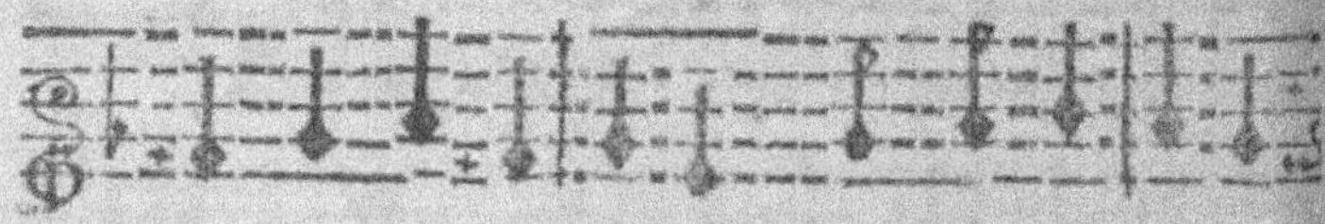
git d'autre maniere ; Quand on eft deve-

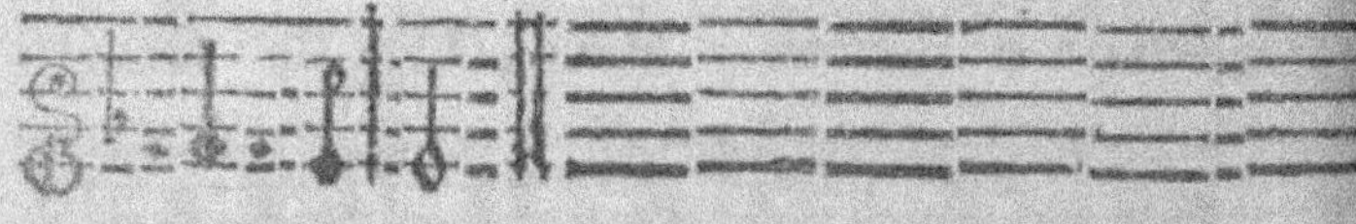
nu Mary.

RONDEAU.   *LA CHASSE.*

 # LES RONDES,

Il y a déja un Air notté page 13. de ce Volume,
avec plusieurs Couplets.

MAROTTE.

SI trop jaloux de sa gloire,
L'Amour vient pour nous troubler :

Il faudra tant le faire boire,
Qu'il ne puisse agir, ny même nous parler ;
Insultons donc à sa gloire,
S'il vient icy nous troubler ?

LA CABARETIERE.

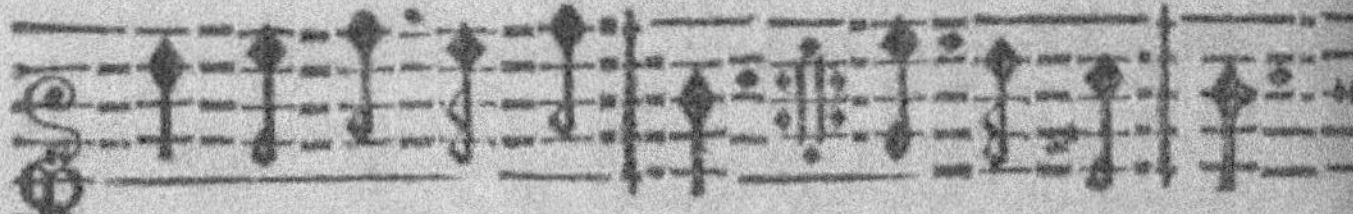

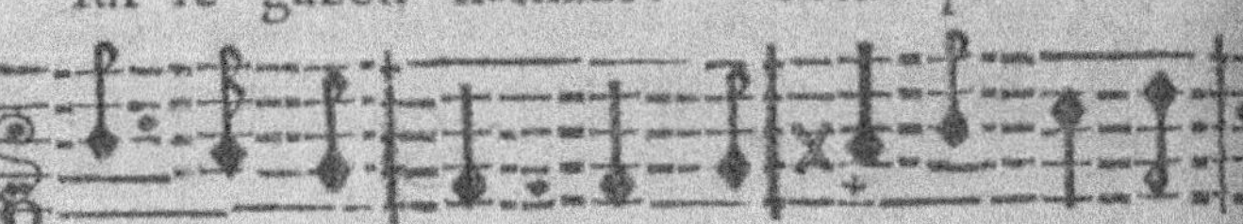

COTTILLON DE M. LE DUC.

JEANNE QUI SAUTE.

LES RATS.

souverain.

LE COTTILLON A LA MODE.

LA MENAGERE.

Vous vo- yez d'un grand sens froid ma
peine, Climene : Quand on ressem-
ble aux amours, Se peut- il qu'on les fuy-
e toûjours?

LA SILVIE.

MA bouteille Me ré- veille, Tête à
té- te a-vec Catin: La finette, Sur l'her-
bette, Me le ver-se de sa main:
Quand je suis à jeun, j'ay le cœur fade,
L'humeur maussade, Et l'air malade;
Mais ce jus des Dieux, Ranime mes feux
Plus je bois, plus je suis a- moureux.

LE POIVRE.

Qui ne connoît pas l'amour,
Croit que quand il aime, C'est le bien su-
prême; Qui ne connoît pas l'amour,
Borne tous ses soins à bien faire sa cour:
Mais les appas d'une Belle, Toûjours infidelle, Ou fiere & cruelle, Ne vallent pas
sur ma foy, Les maux qu'on endure à

vivre sous sa loy.

LE PISTOLET.

DAns nos amours le vin n'est pas contraire,
Et son secours est souvent necessai- re:
Après avoir à Venus fait sacri- fice,
Tout mon espoir c'est de trouver Bac-
chus propi- ce.

LA COQUETTE.

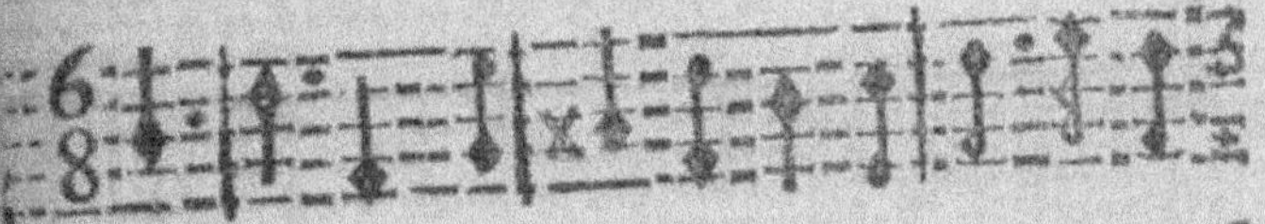
DE peur d'être in- gratte, Je ne puis écon-

duire un Amant :   mant :   Le grand

nombre en fait tout l'agrément ;   Un tri-

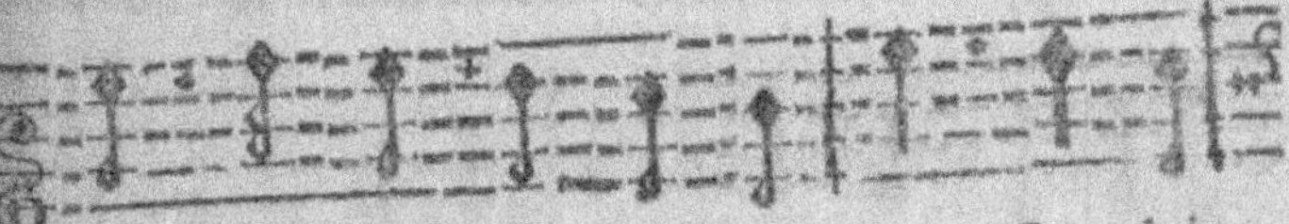
omphe à mes yeux est charmant, Le plai-

sir est le bien qui me flatte ; S'en- gager

est un tourment.

LE COTTILLON QUI VA TOUJOURS.

LA REGENCE.

Voulez-vous apprendre L'heure du Ber-

ger? Allez pour l'apprendre Dans quel-

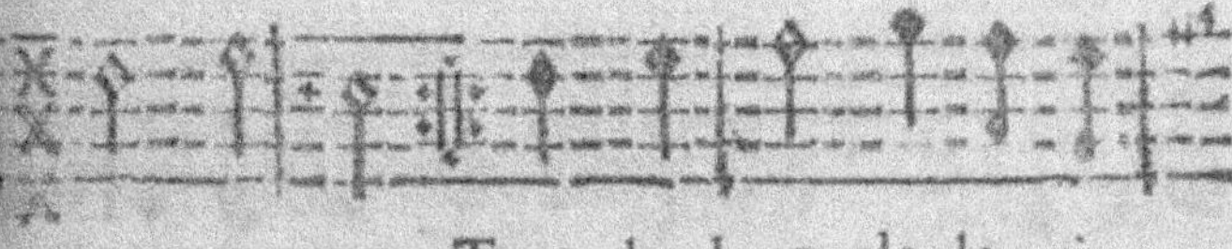

que verger: Tout le long de la ri-

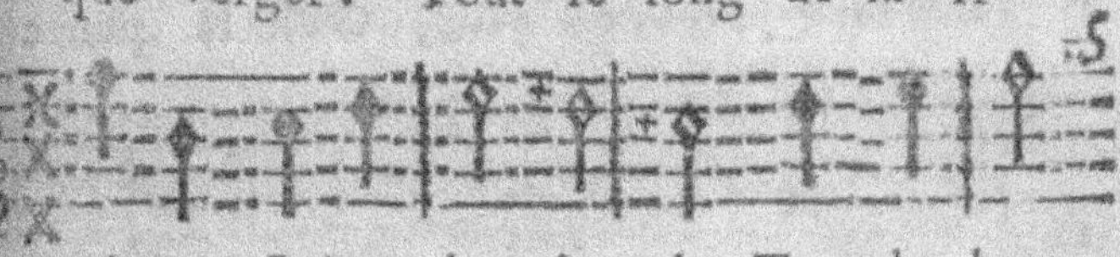

viere, Laire, lon lan la, Tout le long

de la riviere, Ah! qu'il fait bon là.

LE CARILLON.

QUand à l'horloge de l'Amour, Un
vieux Galant vient à son tour : S'il veut sonner sans qu'on l'en prie, C'est la petite
sonne- rie, Din dan don : Oh ! le lu-
gubre carillon.

LES SEPT SAVTS.

A la deuxiéme fois.

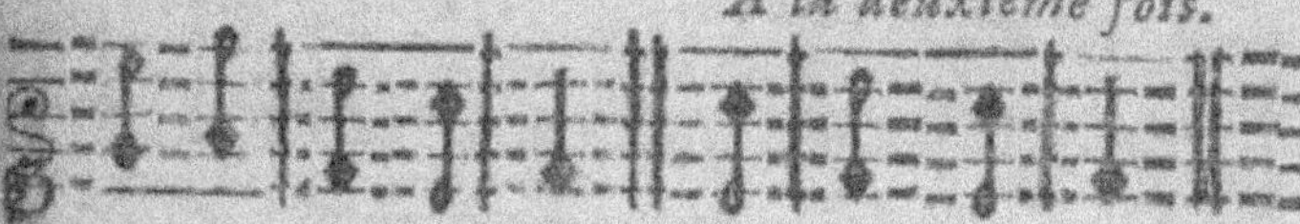

Et ainsi jusqu'à sept fois augmentant toûjours.

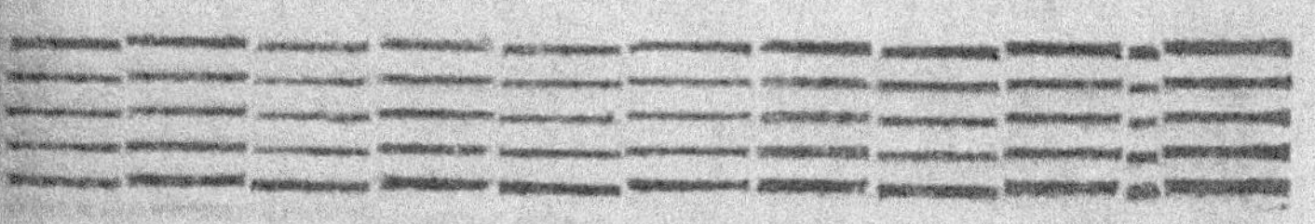

L'ITALIENNE.

BEaucoup mieux que l'Hypocrêne, Lorſque l'on trinquera, Ce doux nectar
m'inſpi- rera : Jeune Climene,
C'eſt envain qu'Amour m'excitera ; Sa
force eſt vaine, ſi cette liqueur N'a-
nime mon cœur.

LE PISTOLET NOUVEAU.

AVec mépris vous fuyez ma présence :

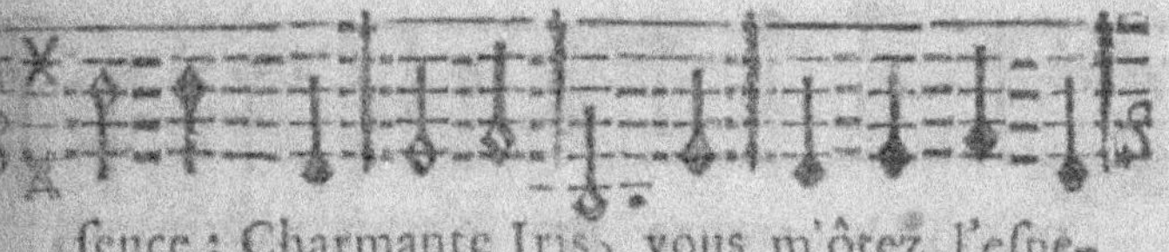

sence : Charmante Iris, vous m'ôtez l'espe-

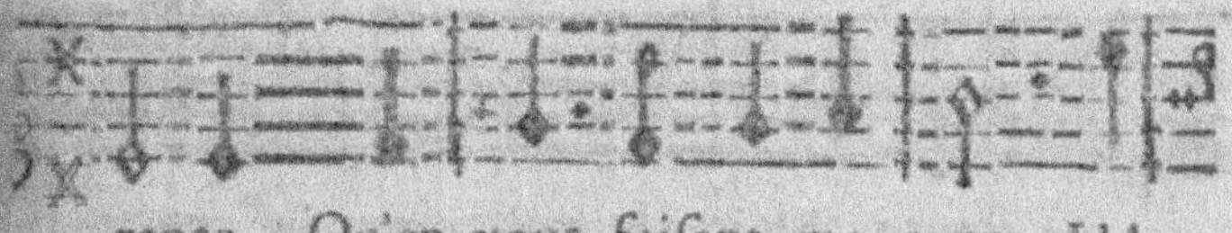

rance, Qu'en vous faisant ma cour, L'A-

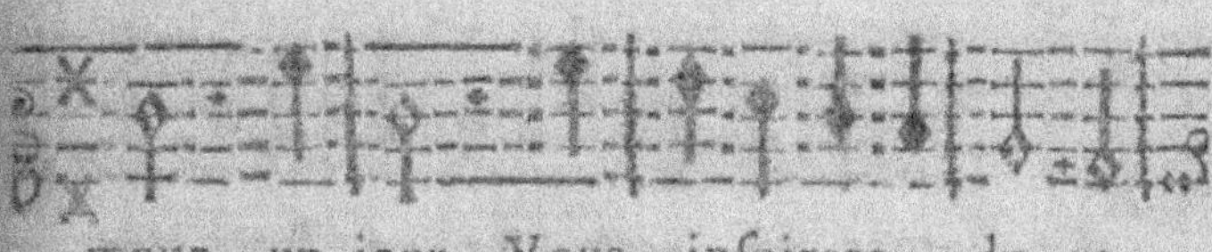

mour un jour, Vous inspirera du re-

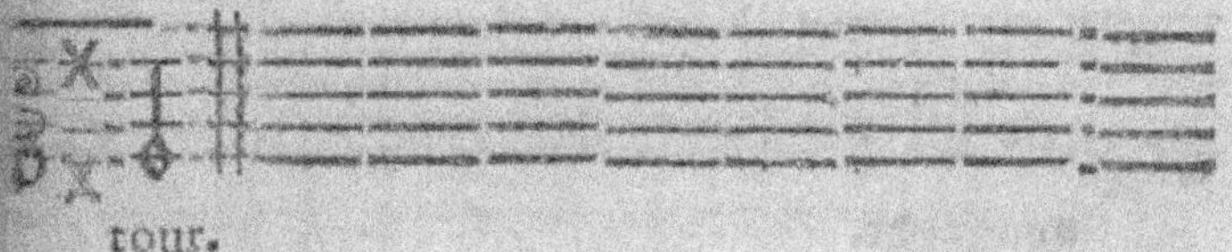

tour.

LA CRISTINE.

LE premier jour d'un tendre engage-
ment, On trouve son Amant charmant,
constant: Mais dès qu'on veut le quitter,
Ce Berger est leger, Et ne sçait plus
engager.

PETIT-JEAN.

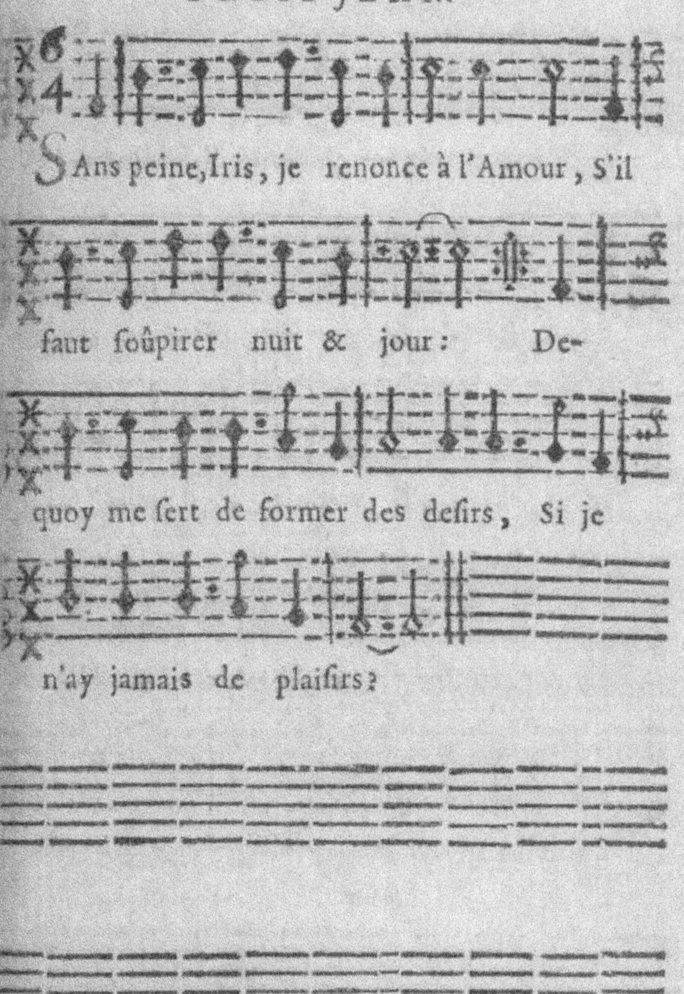
SAns peine, Iris, je renonce à l'Amour, S'il
faut soûpirer nuit & jour : De-
quoy me sert de former des desirs, Si je
n'ay jamais de plaisirs?

LES RONDES,

LA BOULANGERE.

LA BOHESMIENE.

Tom. II.   Q

tendres & fidelles; Dans cet enchanté séjour, Si l'on res- pire, c'est d'amour.

LA HOUPELANDE.

QUe l'on vit content Avec de l'argent, I-
ris, vos appas Ne le vallent pas:
Tout luy fait la cour, Bacchus & l'Amour, Dès que
l'on paye bien, On ne manque de rien.

LA VALENTINE.

Q ij

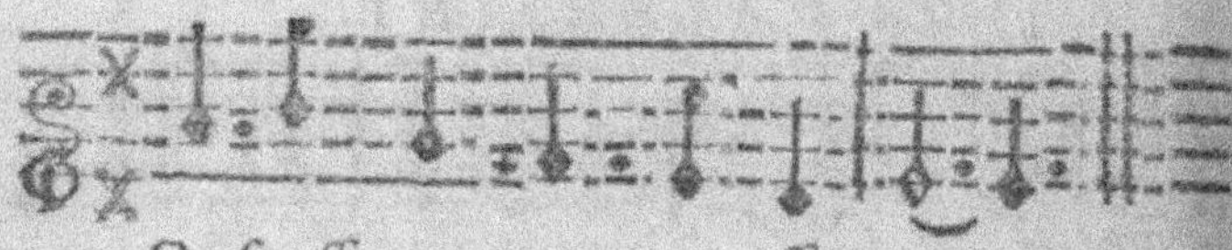

BRANLE DE BOURGES, OU LA VACHE A PANIER.

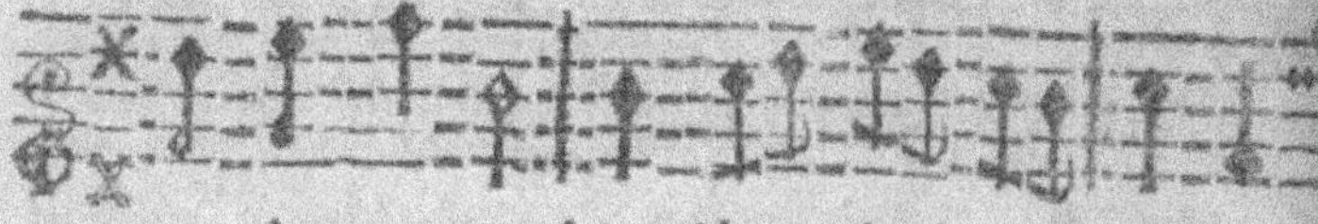

Sans le jus de Bacchus ses soins sont
fu- per- flus : Si tu veux être heureux,
Offre sans cesse, A ta Maîtresse, Cette liqueur ; Dans ses yeux, Tu verras ton bonheur ; Ce Dieu vainqueur, Te fera trouver la route de son cœur.

LA SISSONE.

PArtageons-nous à table, Entre Bacchus
& l'Amour, Le sort le plus aimable, C'est d'en
user tour à tour, Rien n'égalera nos plaisirs : Mêlons au bon vin des soû-pirs, Pour
combler nos desirs, Ne cessons d'aimer
en bu-vant, Et buvons toûjours ten-dre-
ment, Quel bien est plus charmant !

LES TRICOTETS.

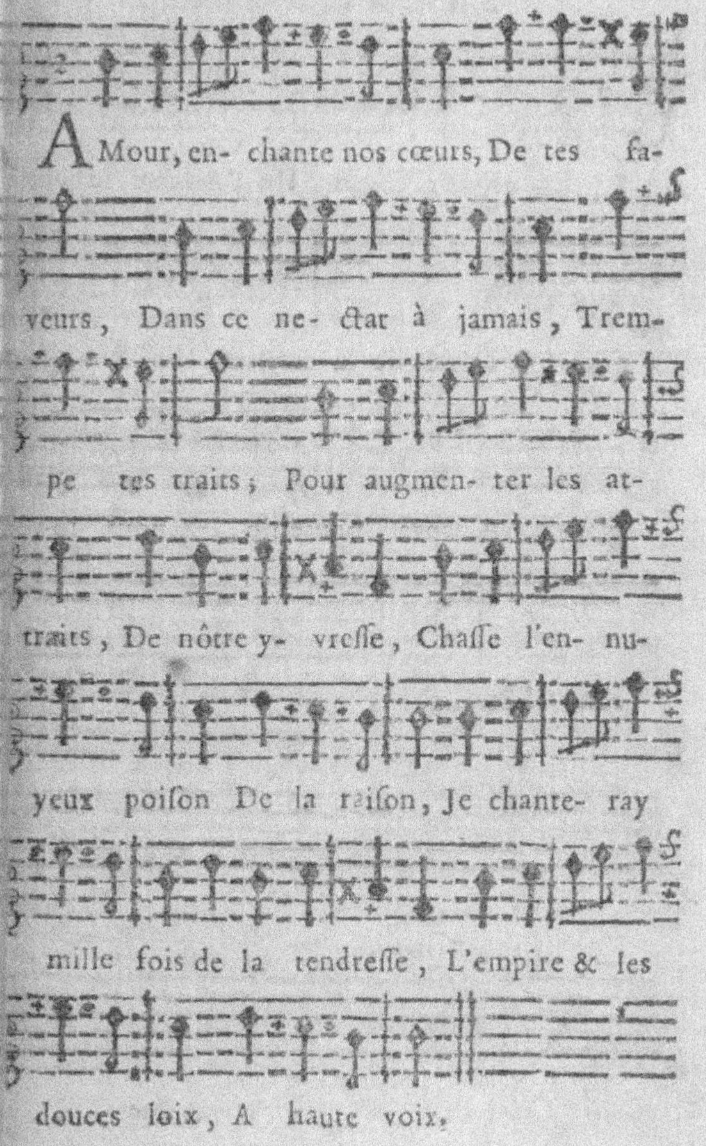

LA CASSANDRE.

LA JEANETTE.

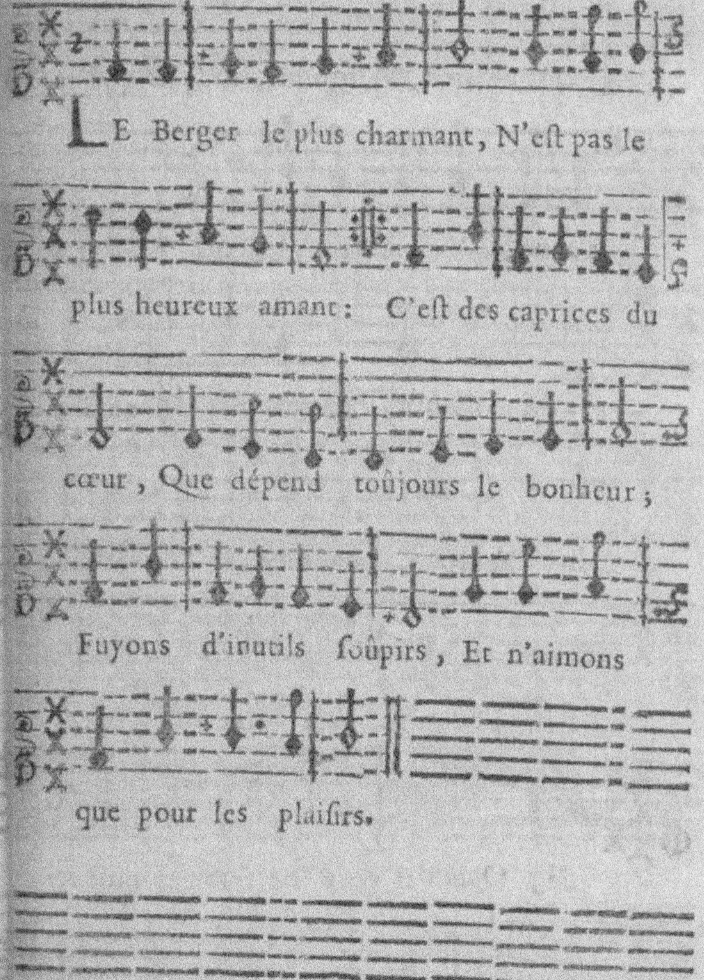
LE Berger le plus charmant, N'est pas le
plus heureux amant: C'est des caprices du
cœur, Que dépend toûjours le bonheur;
Fuyons d'inutils soûpirs, Et n'aimons
que pour les plaisirs.

LE COTTILLON HONGROIS.

L'INSULAIRE.

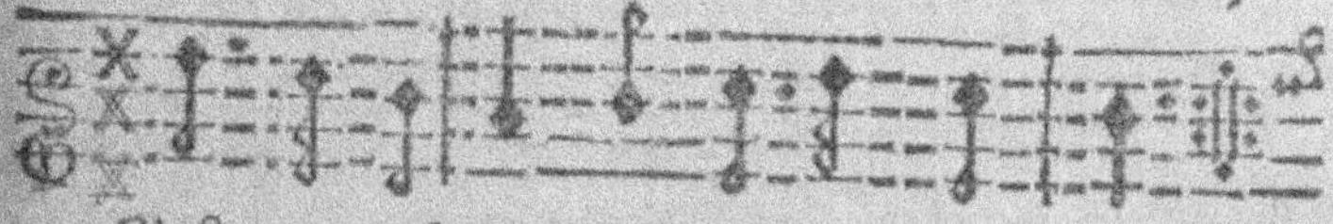

R ij

souffrez-le à vos genoux.

LE COTTILLON DE SURESNE.

UN Amant qui sçait se taire, Rare-

ment est rebuté; dans les yeux de sa Ber-

gere, Il voit sa feli- cité; La Belle rougit,

Et tout bas luy dit, Arrêtez-vous dõc vilain fri-

pon, méchant Garçon, Je vais ap- peller ma

Mere, Pour vous gron- der tout de bon.

LA BADINE.

L'Amour brille en ces lieux, Son tri-

om-phe eft fûr dans vos beaux yeux ; C'eft

là que font les traits Dont il nous blef-

fe à jamais : Malgré vôtre fier-

té, Dans ma captivi- té, Je

trouve ma feli- cité ; Mes foûpirs, mes

larmes Ont pour moy des charmes, Plus

COTTILLON DE VERSAILLES.

TOVRBILLON D'AMOVR.

LES RONDES,

LA BERGERE.

LA TIRBOULAIRE.

BOUR'EE DE BASQVE.

LE PRINCE GEORGE.

LES RONDES

LA BONNE AMITIÉ.

LA NIAISE.

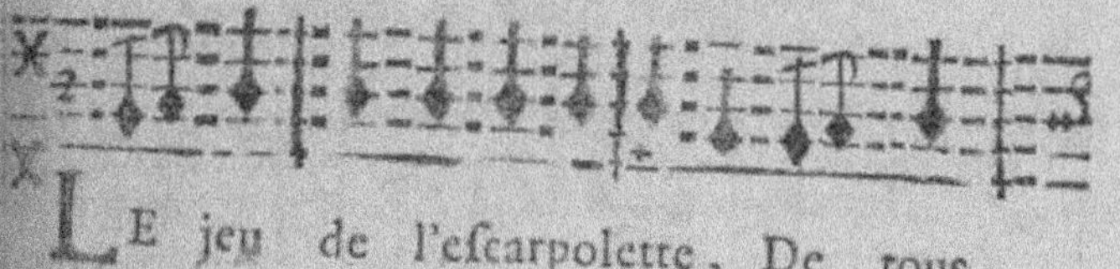
LE jeu de l'escarpolette, De tous

est le plus charmant : Mar- got dit à

son amant, Pouf- fe- moy com- me le

vent ; Si je tom- be fur l'herbette,

Ma- man en a fait au- tant.

TROUSSEZ BELLE, VOSTRE COTTILLON

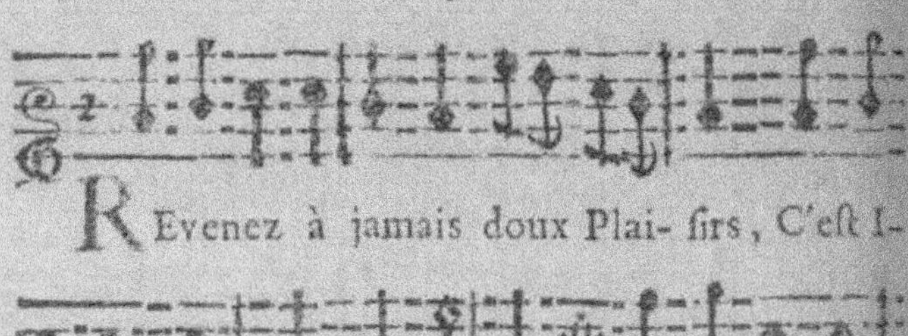

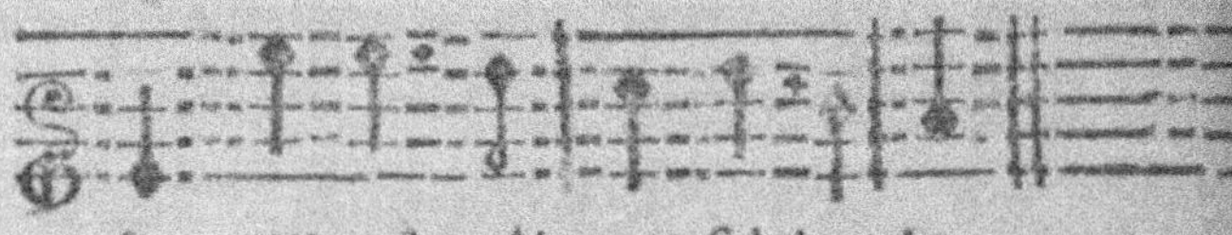

LES QUATRE FACES.

ſirs , A pouſſer des ſoûpirs.

LE PETIT COTTILLON.

A Liſon, Le cottillon, Pour animer ton a-

mant , Te ſert d'agrément: Ta danſe eſt tou

chante , D'amour les appas Brillent dans tes

pas , Ton moindre mouvement enchante:

Aliſon , Le cottillon, Pour animer ton a-

mant, Te ſert d'agrément.

LE

LES MANCHES VERTES.

SE livrer à son doux pen- chant, C'est

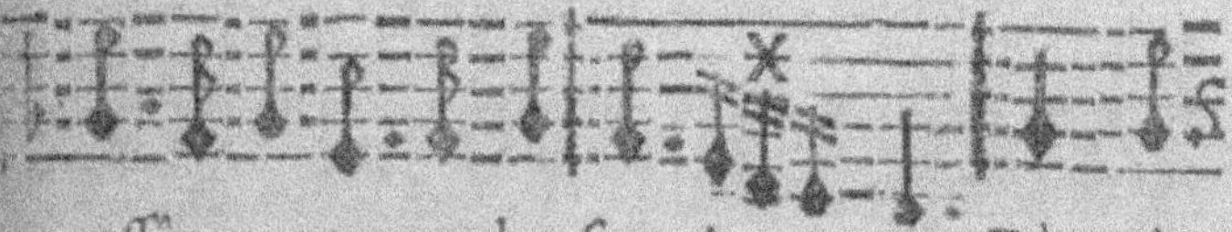

assûrement perdre son A- mant; Dès qu'on

satisfait ses de- sirs, Adieu l'Amour

& ses plaisirs : C'est un feu badin

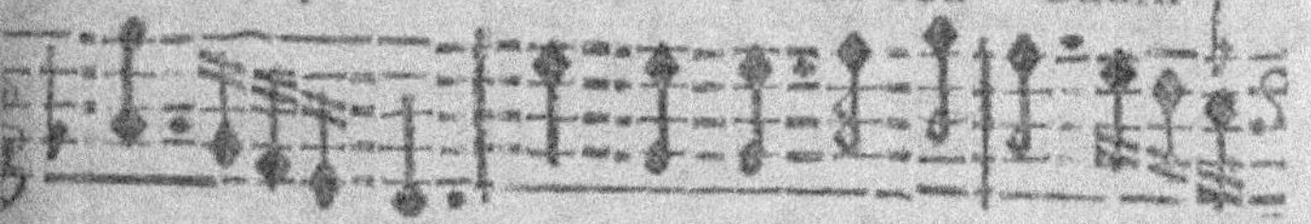

& le- ger, Qui s'éteint à le soula-

ger ; Par les rigueurs, Il entre en nos

cœurs, Et ne se nourrit que de pleurs.

LE MICISSIPY.

LE BRIN D'AMOUR.

Gay.

Qu'il est heureux, Iris, de s'engager, Sans

crainte de changer : D'un amour si

doux, Eprouver les coups, Rendroit tous

Lentement.

les Dieux jaloux : Je dirois mille fois, En-

Gay.

chanté de vos loix; Il n'est point de bon-

heur, Sans les plaisirs du cœur.

S ij

LA CHARPENTIERE.

L'EPIPHANE.

TU regnes sur nous Dieu d'amour, Depuis
que Philis est icy de retour, Tes
traits allumez en ses yeux, Nous semblent plus
précieux : Sois sûr de la victoire,
Amants & Buveurs répondent à ta voix; Mais
il manque à ta gloire, De la soûmet-
tre à tes loix.

JE n'aime pas facilement, Et je crains un
Berger peu sincere : Qui s'engage si
promptement, Connoît peu les rufes d'un A-
mant : Quand il veut plaire A fa Bergere ,
Tous les fer-ments ne luy coûtent guere ;
Et l'on ne connoît ce trompeur, Qu'au mo-
ment qu'il regne dans un cœur.

LA MARE'CHALE.

LES RONDES;

LA BATISTINE.

qu'un

LE DESSEIN.

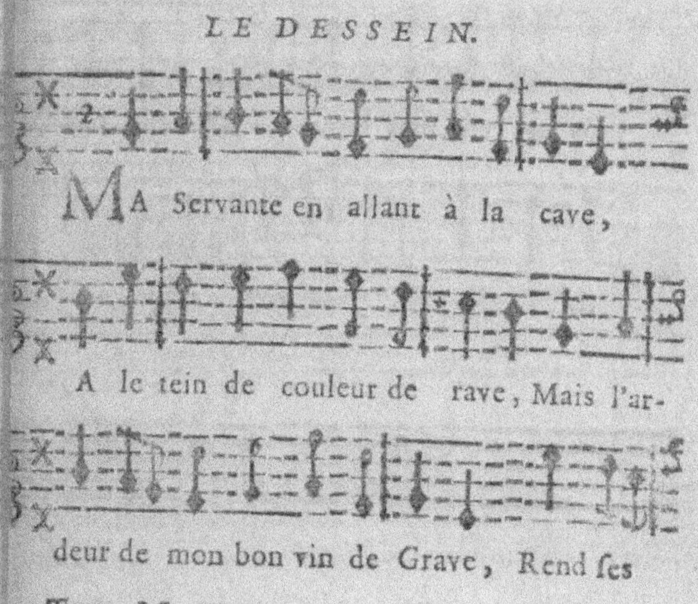

Tome II.   T

yeux plus brillants qu'un rubis : Toûjours
elle a quelque chose à dire, Et j'ad-
mire, Comme elle aime à rire, Quand je
bois a- vec mes bons Amis, Plus elle en
tir', Et plus ses yeux sont réjoü- is.

LA FOLICHON.

FIllette qui veut se choisir un Amant, Cher-

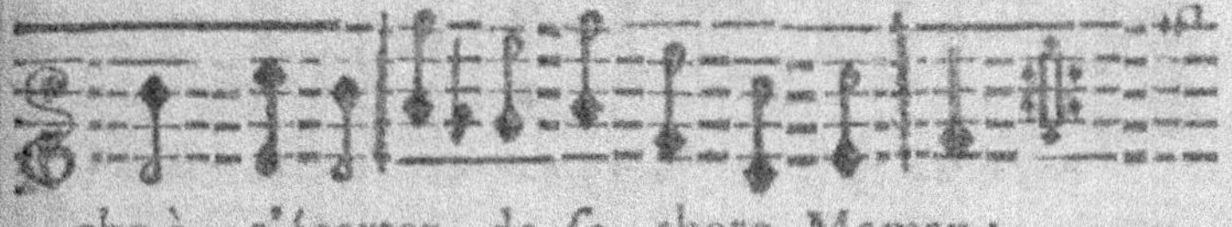
che à s'écarter de sa chere Maman:

On trouve au hazard, Un ombre à l'écart, Et

là les Amours, Y font de bons tours.

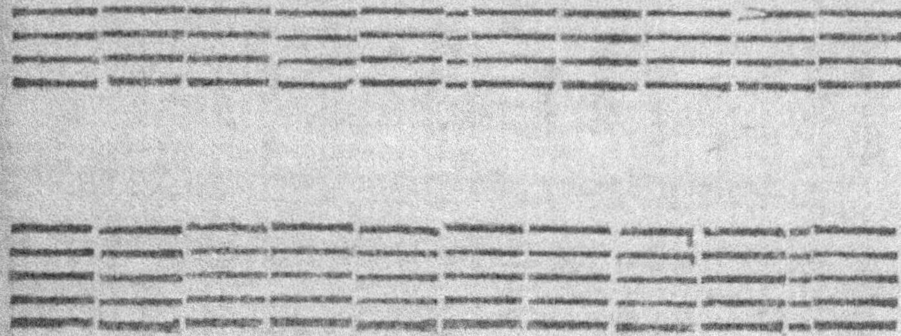

LA GASCONE.

JE vis un jour Le Dieu d'amour, Qui
condui- soit I- ris, en ce séjour, Mais
tout soudain, Je pris du vin, Ah! quel secours di- vin : Que je fus heureux, Je crus
voir mon bōheur dans ses yeux, Leur lan- gage étoit précieux, Sans tant soûpirer, Dès qu'on
sçait s'enyvrer, L'on n'a rien a de- sirer.

LA CHAISNÉ.

CElimene, à quoy bon tant de soins, Mon
cœur se deſeſ- pe- re ? Lorſque je
ſuis avec vous ſans témoins , Vous appellez
vôtre Me- re ; Lorſque je ſuis avec
vous ſans témoins, Vous appellez vôtre Mere.

NAVET, & son VALET.

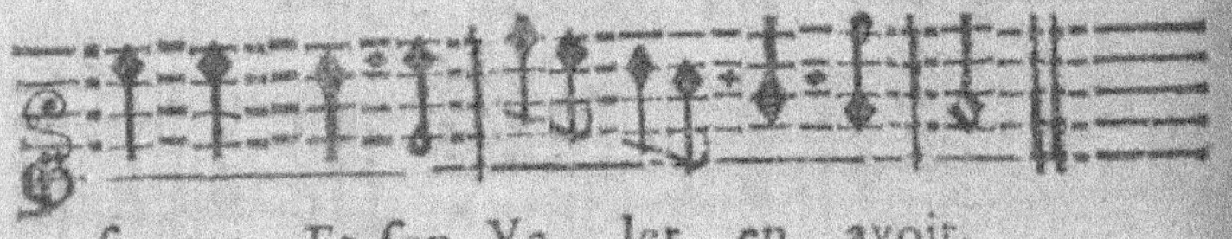

SONT DES NAVETS.

LA COLBERT.

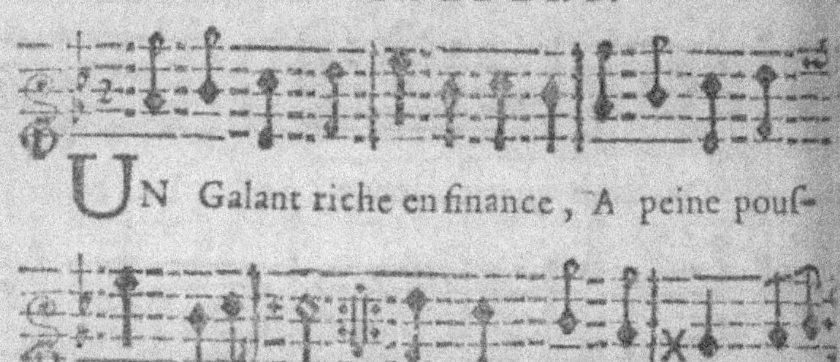

penfe, A fes defirs vient s'offrir,

LA REVERENCE.

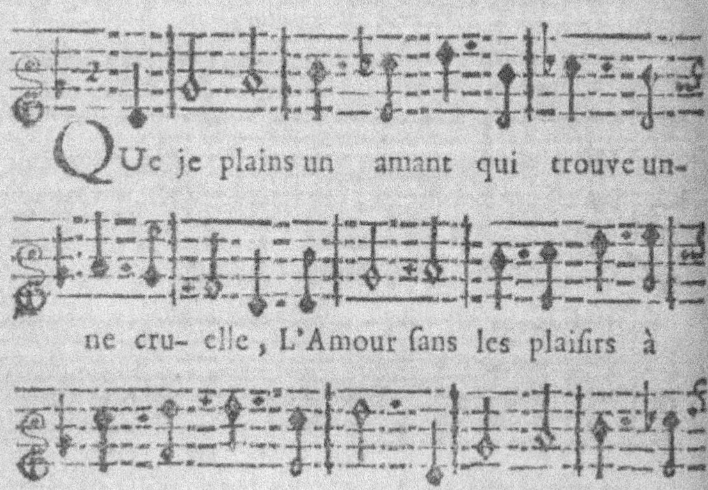

mes yeux s'offre en vain, S'il eft doux de   ce-

der aux charmes d'une Belle, Je suis les
dures loix d'un vainqueur inhumain, Je suis
bien-tôt las de ces farouches appas, Quand nos
soins sont super- flus, Aimer est un a-
bus : Changeons de destin, A Cloris,
préferons le vin, A ce jus des Dieux, Bor-
rons nos vœux, Même ses faveurs Animent nos

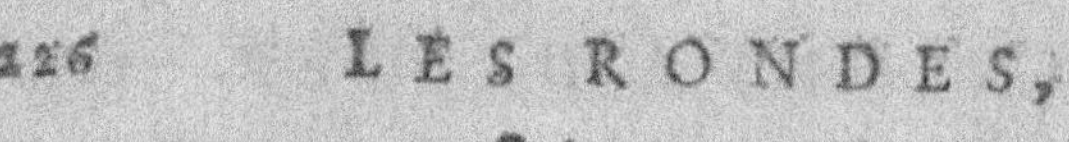

VOUS ME L'AVEZ DIT.

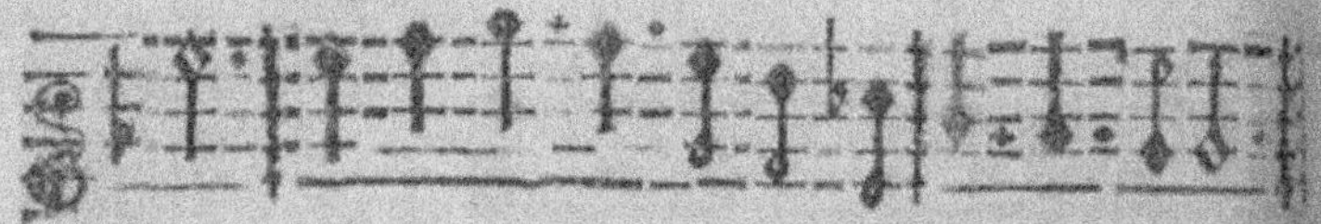

LES GALERIES D'AMOUR.

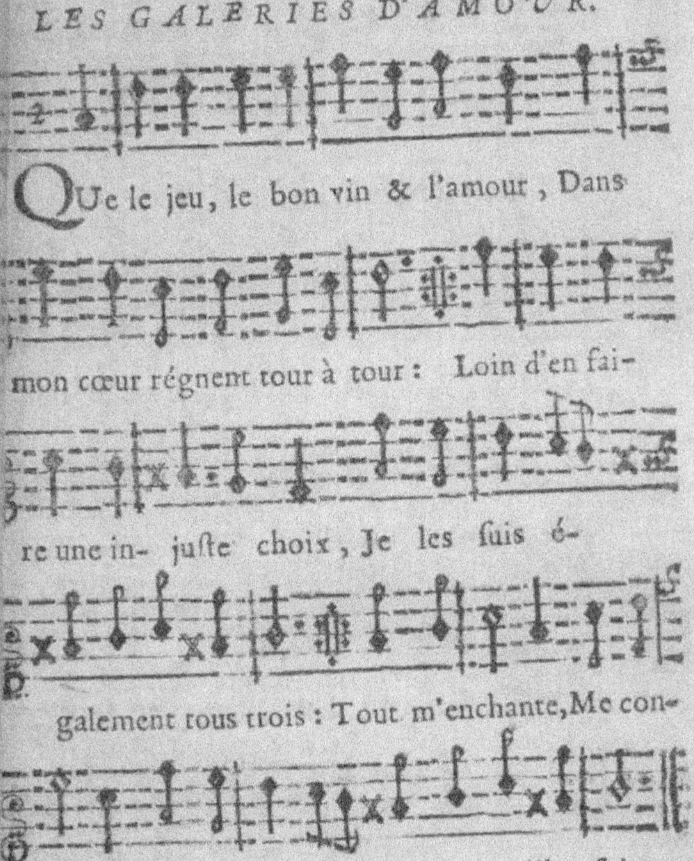

L'ENFANTINA.

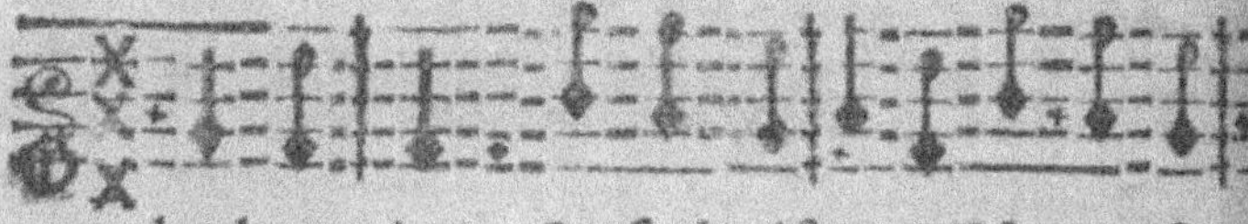

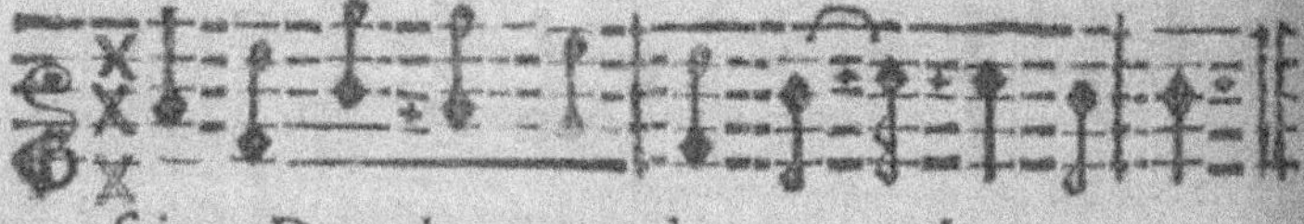

faire, Dans le temps des ten-   dres amours.

LA MATELOTTE.

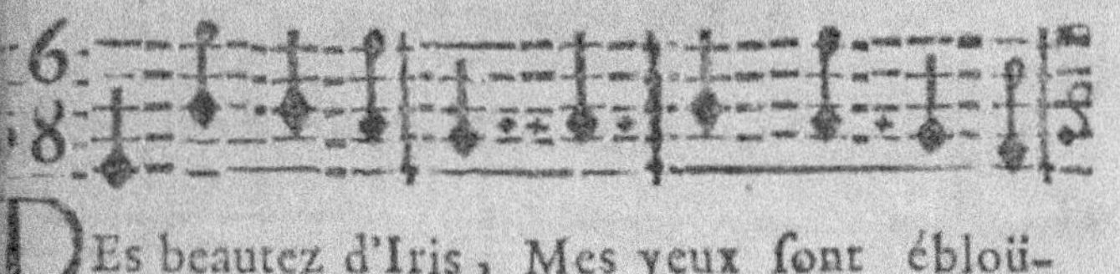

DEs beautez d'Iris, Mes yeux sont éblou-

is, Mais ce vin gris, Mieux qu'amour même en

fait sentir le prix :   Il céde à ses char-

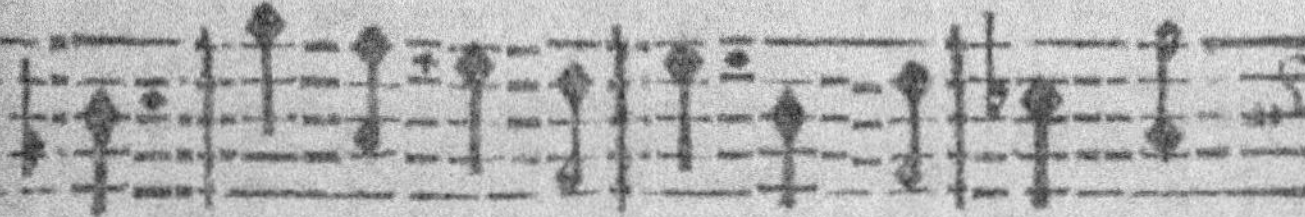

mes, L'effort de ses armes; Et luy soû-

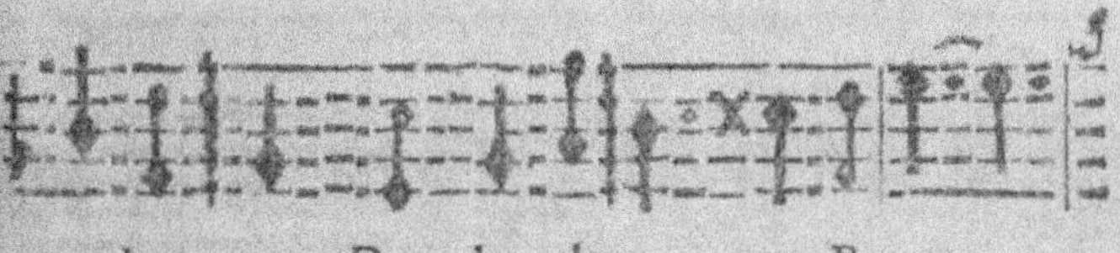

met les cœurs, Des plus alte-   rez Buveurs ;

Il céde à ses charmes, L'effort de ses ar-

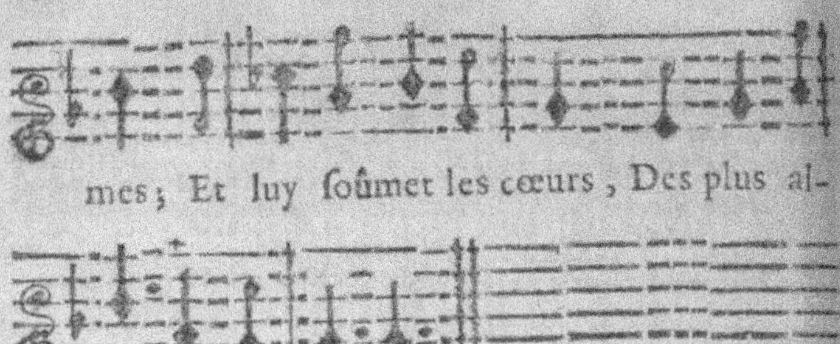
mes ; Et luy soûmet les cœurs, Des plus al-

terez Buveurs.

LA JEUNESSE.

PEtit Dieu de Cythere, Je te dé-cla-

re la guerre, Armé de ce grand

verre, Je me ris de ton pouvoir :

Buvant du matin au soir, Tes traits ne

peuvent guerre m'émouvoir , Porte ailleurs
ton sçavoir , Chez Bacchus fais ton devoir, J'y borne tout mon espoir , Je suis
toûjours char- mé de te voir.

LA BERGERIE.

JE suis Madelon Friquet Jeune, Fringante &
bien doduë,   Je suis Madelon Friquet,
Et je me mocque du caquet. Quand un
jeune freluquet Vient m'attaquer dedans la
ruë,   Je luy claque un bon soufflet:
Je suis Madelon Friquet, Jeune, Fringante &
bien

bien doduë, Je suis Madelon Friquet,
Et je me mocque du caquet : Quelque
fois je le dis net, Après m'être trop
défendue, Je ne trouve qu'un criquet.
Je suis Madelon Friquet, Jeune, fringante &
bien doduë, Je suis Madelon Friquet,
Et je me mocque du caquet.

DAME GIGOGNE.

LES AMADIS.

Dans le siecle des Amadis, On rencon-
troit des cœurs fidelles : Mais les Amans de
nôtre tems En font accroire à leurs Ber-
geres, On ne voit plus de feux constants,
Ny de Bergers since- res.

LA D'AUTEUIL.

ON ne se masque icy qu'au Bal ;
Mais à Paris, tout temps est Carnaval.
Pour fixer un Epoux fantasque , Femmes, ne
quittez point le Masque On ne se
masque icy qu'au Bal ; Mais à Paris, tout
temps est Carnaval.

ANDRE'

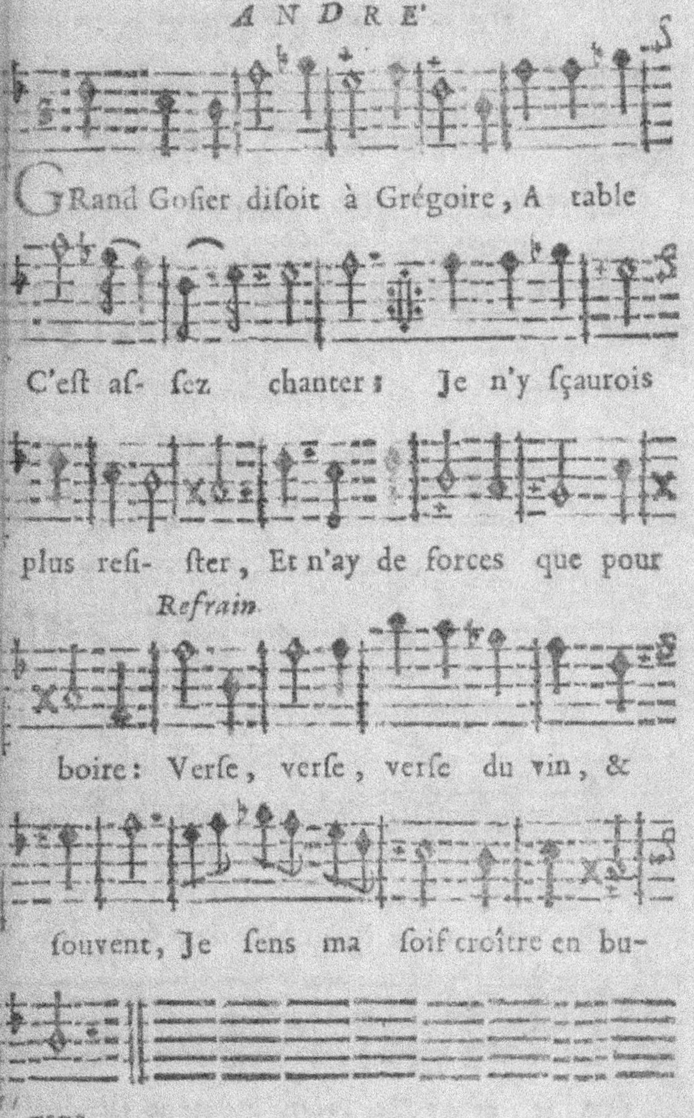
GRand Gosier disoit à Grégoire, A table
C'est af- sez chanter : Je n'y sçaurois
plus resi- ster, Et n'ay de forces que pour
Refrain
boire : Verse, verse, verse du vin, &
souvent, Je sens ma soif croître en bu-
vant.

LES MARECHAUX.

daus mes lacs ; *Mais*, Mais sera pour

moi la Belle , belle, *Car*, Car un

tel... Car, Car un tel.... Car, Car un

tel nom ne sçait pas, pas, pas, pas, pas.

L'OCCASION.

QUi veut sçavoir de nos cantons Danſet un
joly branle, Qu'il é- coûte bien tous les
tons Dont nous égayons nos chanſons :
Car c'eſt un joly branle, C'eſt le branle de
nos cantons, Et c'eſt- là le bon branle.

LA FILLETE.

sible

L'INCONSTANT.

LA PALISSE.

Lentement.

LES RONDES,
LES DE'ESSES.

LES MANANTS DE VERSAILLES.

Reprise.

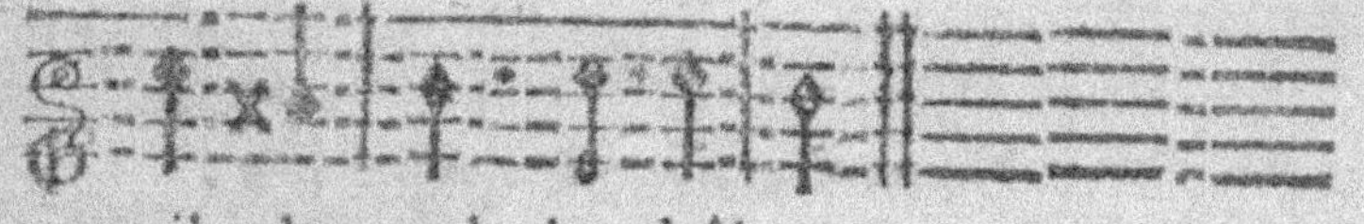

Il s'en approche en tapinois,

Il rit, il batifole:

L'air d'abord tendre & puis grivois,

Ah! voyez-donc, ah! voyez-donc,
Comme il s'y prend le drôle.

X iij

    L'air d'abord tendre, & puis grivois,
Sa main va par bricole :
Elle luy donne sur les doigts ;
Ah ! voyez-donc, ah ! voyez-donc,
Comme il s'y prend le drôle.

Elle luy donne sur les doigts,
A bon conte il l'accole :
Nouveau pardon à chaque fois ;
Ah ! voyez-donc, ah ! voyez-donc,
Comme il s'y prend le drôle.

    Nouveau pardon à chaque fois.
Et la petite fole
Veut toûjours qu'il revienne au bois ;
Ah ! voyez-donc, ah ! voyez-donc,
Comme il s'y prend le drôle.

LA FRINGUAIRE.

Vivement.

X iv

LA CHARLOTTE.

Vivement.

LA CAPRICIEUSE.

 LES RONDES,

LA FARANDOULE.

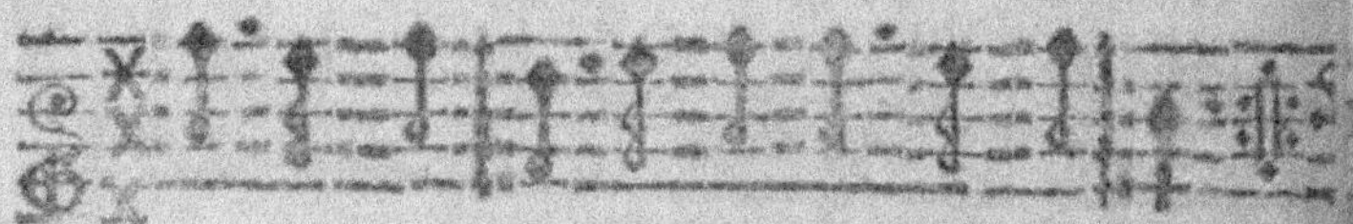

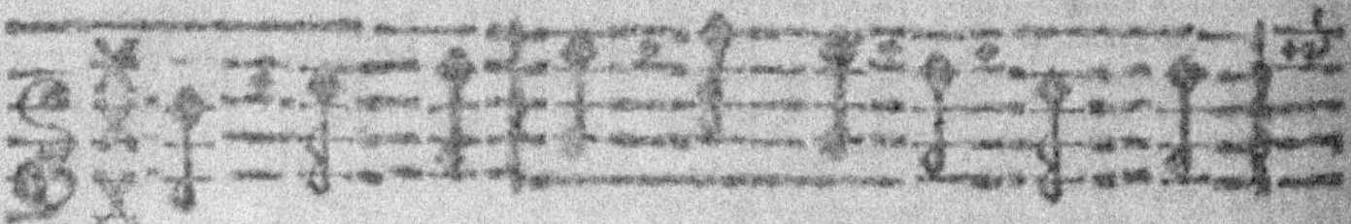

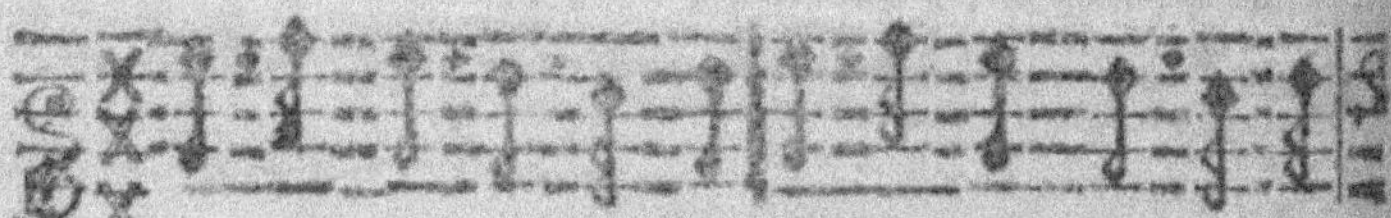

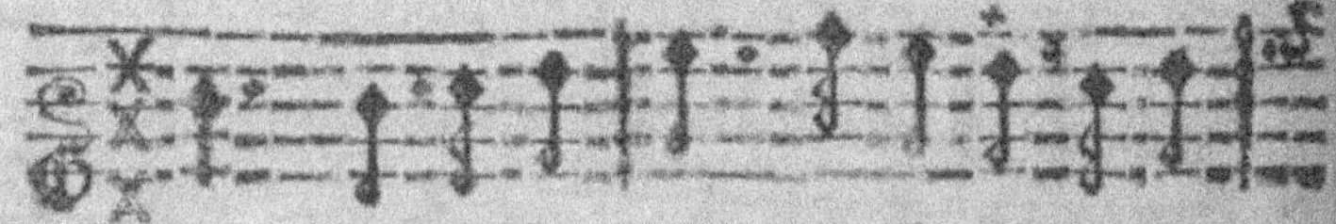

LA CALOTINE.

SAns un grain de fo- lie, Amis, n'esperons
pas de vivre heureux, Tous les trésors de la
vie, Ne fixent pas nos vœux: Mais quand
on suit la lune, On craint peu la fortune,
Charmé de sa Marotte, Le Calotin rit
du qu'en dira-t-on, Il est malgré sa calotte,

FIN DES CONTRE-DANSES.

COUPLETS

DE QUELQUES-UNES DES CONTRE-DANSES,

Survenus pendant l'Impreſſion de ces Volumes.

COUPLETS
DES CONTRE-DANSES.

SUR LA PHARAONE. Page 146

PUisque sans espoir de devenir heureux,
 Je vous cherche en tous lieux,
Bacchus vient m'offrir, pour contenter mes vœux,
 Son jus délicieux ;

 Mais sa flamme
 Dans mon ame,
 Redouble encor mes tendres feux,
 Triomphez Iris,
 Vous avez le prix,
 Les Amours par vos yeux
 Sont toujours victorieux.

SUR LA JALOUSIE. Page 147

CRoyez-vous, que par des esperances
Vous amusiez plus long-temps mon cœur ?
Si j'ay tout seul part aux apparences,
 Un autre possede vôtre ardeur :

 Tandis que vos beaux discours
 Me promettent de beaux jours,
Je sçais, helas ! que malgré vos promesses,
De mon Rival, trop ingratte Maîtresse,
 Vous écoutez les amours.

SUR LA FANATIQUE.   Page 151

NE méprisez pas les Concerts
Qu'icy l'on vous appreste ;

L'instrument dont je me sers
Est tout des plus honeste,
Sous ces beaux feüillages verds
Margot s'en est fait bien feste.

Si vous me demandez quartier,
Je perds toute ma gloire :

Vous sçavez, jeune Guerrier,
Qui parcourez l'histoire,
Qu'on n'a jamais de laurrier
Sans combat & sans victoire.

Quoy ! passeray-je en vains soûpirs
Les beaux jours de ma vie ?

Venez remplir les desirs
De mon ame attendrie,
Eveillez-vous, doux Plaisirs,
La Sagesse est endormie.

SUR LA JEUNESSE.   Page 153

FUyez, Vertu severe,
Quittez ma jeune Bergere :
Fuyez, Vertu severe,
Quittez-là pour quelque temps :

Sur le declin de ses ans,
Vertu, venez luy plaire,
J'y consens,
Pour lors il sera temps;
Mais au moins, de son printemps,
Cédez les moments charmants
Au plus fidelle de ses amants.

Petit Dieu de Cythere,
Je te declare la guerre
Armé de ce grand verre,
Je me ris de ton pouvoir :

Buvant du matin au soir,
Tes traits ne peuvent guere m'émouvoir.
Porte ailleurs ton sçavoir
Chez Bacchus, fai ton devoir,
J'y borne tout mon espoir,
Je suis toujours charmé de te voir.

SUR   LE COTILLON.   Page 154

UNe Chatte un peu trop finette,
Disoit un jour à certain Matou,

Depuis huit jours tu lorgne & guette.
Et tu me miales ton amour,
Va : ma foy ta dépesche est faite,
Je ne suis point Chatte à manger du mou.

SUR   LE GAGNE-PETIT.   Page 155

JE vais par tout le Monde,
Sur Terre & sur l'Onde,
Et nuit & jour
J'ay grande cour,
Je suis Remouleur d'amour,

Venez, tendres Cœurs,
Amants en langueurs,
Joüir de mes faveurs,
Je remoudray,
J'aiguiseray ;
Pour Vous ma Meule tourne,
Tourne & retourne,
Mon art est un art assuré.

A la vieille Coquette
Je rends en cachette
Un tein, des yeux,
L'air amoureux :
Pour faire des malheureux;

Ton museau fardé,
Vieille au front ridé,
Sera racommodé,
Je moudray tant,
Poliray tant,
Pour toy ma Meule tourne,
Tourne & retourne,
Tu vas passer pour un enfant.

Je change ou je repare
Par mon sçavoir rare,
En un moment,
L'air dégoutant
Que la Laide eût en naissant:

Et si je ne rends
Ton minois charmant,
Je le rendray piquant,
Je moudray tant,
Poliray tant,
Pour toy ma Meule tourne,
Tourne & retourne,
Cour vîte chercher un amant.

Aux traits, à la figure,
En vain la nature
A, chaque jour,
Donné le tour,
Ce n'est pas tout en amour,

Vien donc, foible Amant,
En moins d'un moment,
Dessus mon instrument,
Je te moudray,
T'aiguiseray;
Pour toy ma Meule tourne,
Tourne & retourne,
Ta Maîtresse m'en sçaura gré.

SUR   LES RATS.   Page 169

MOn ame inquiette
Par mille soupirs,

Près d'une Coquette
Sent trop de plaisirs,
Elle me chante sans mistere,
Quand elle voit mon embarras :

Jean, ce sont vos Rats,
Qui font que vous ne dormez guere,
Jean, ce sont vos Rats
Qui font que vous ne dormez pas.

☙

Je renonce à plaire
L'Amour me trahit,

Ma jeune Bergere
De nos feux se rit,
La constance n'est que chimere,
Le Dieu Bacchus a plus d'appas :

Jean, ce sont vos Rats, &c.

☙

Un celebre Yvrogne
Est toujours heureux ;

Mais c'est un Jeanlogne
Qu'un pauvre Amoureux,
Il languit & se desespere
Toujours sur les bords du trépas :

Jean, ce sont vos Rats, &c.

☙

M i

Je croyois Climene
Sensible à mes vœux ;

Mais cette Inhumaine
Se rit de mes feux ;
Non , non non je ne l'aime guere.
Non , non non , je ne l'aime pas.

Vien , charmant Bacchus,
Me vanger de cette ame fiere ,
Vien charmant Bacchus,
Me vanger , de tous ses refus.

❧

Conteurs de fleurettes ,
Friant Damoiseau ;

Menez vos Fillettes
Sur le bord de l'eau :
Filles , ce seroit vôtre affaire
Si l'on voguoit bien seurement :

Mais pour autrement ,
Vous pourriez chercher à qui plaire ,
Mais pour autrement ,
Renguaínez vôtre compliment.

❧

Toute la nuitée
Je n'ay point dormy ,

J'avois la pensée
De mon bel amy ;
Bon jour Jean , vous ne dormez guere ,
Bon jour Jean , vous ne dormez pas ;

Jean , ce sont vos Rats
Qui font que vous ne dormez guere ;
Jean , ce sont vos Rats
Qui font que vous ne dormez pas.

F I N.

TABLE
ALPHABETIQUE

Des Cinquante RONDES
de ce Volume.

A

ALlant boire chopine.   Page 62
Ayant trouvé l'autre jour.   39

B

BLaise voyant sa Lisette.   30

C

CE n'est pas pour me vanter: 102
Ce sont les drôles de S. Amant.   70
C'est à la grande Barriere.   82
C'estoit par un Samedy.   86
Chantons les amours de Jeane.   123
Collette, je ressens pour toy.   59
Croy-moy, charmante Isabeau.   20

D

DAns ces lieux, l'Amour nous mene.   33
Dadans mon petit reduit.   35

Tome I I.   Z

E

EBauchons la peinture: *Page* 92
En revenant de la Ville.   46
En revenant de la Villette.   54

J I.

JE ſuis d'âge à marier: 94
Je trouvay mon Berger.   89
Je veux garder ma liberté.   1
Je voudrois bien me marier.   8
Il étoit un doux Berger.   48

L

LA Catelinette , comment lou pied?   142
L'autre iour au jeune Colin.   44
L'autre jour dedans la Plaine.   18
Le bruit court en Ville.   51
Les Savetiers de la Savarterie.   75

M

MArgot avec ſes Amis.   111
Margot la groſſe effondrée.   80
Marotte fait bien la fiare.   13
Martin prit ſa ſerpe, au bois s'en allit.   78

N

NAnon & moy l'autre jour.   24
N'auray-je jamais un amauſſ   27
Ne fais point tant la ſevere.   130

TABLE

P

Pierot & Margot sont recrus,   *Page* 78

Q

QUand je vous ay donné mon cœur.   4
Que j'aime à voir un tendre amant.   84
Qui'es Pierot , veux-tu sçavoir.   117
Qu'il est charmant ce Corbillon !   10
Qui prend trop vîte femme   120
Qui veut oüir , qui veut sçavoir,   99
Qu'on apporte ma flûte.   168

R

REmuons toutes ces filles,   64

S

SI j'avois à choisir un état.   42

T

TOn himeur est Catheraine.   136
Trois belles Demoiselles.   106

V U

VIan donc voir noute Bourgeoise.   104
Vielleux , veux-tu du pain.   57
Un Berger qui pour moy soûpire.   133
Un jour dans un Bal , en dansant.   16
Un matin près de Silvie.   114
Un matin, près d'un verd bosquet.   67

FIN DES RONDES.

TABLE ALPHABETIQUE

Des Cent CONTRE-DANSES de ce Volume.

A

A Bacchus, aujourd'huy je me livre.
Branle de Bourges, ou la V. à P.   Page   188

Adroitement & legerement. *La Bacchante.*   148

Alison. *Le petit Cotillon.*   208

Amarante, qu'il est dangereux. *Cotillon, de M. le Duc.*   167

Amis, il est certaine Chasse. *La Chasse.*   165

Amour, enchante nos cœurs. *Les Tricotets.*   191

Au Dieu du vin, Amis, rendons les armes. *La Farandoule.*   250

Avec ma Belle, souvent. *La Charpentiere.*   212

Avec mépris, vous fuyez ma presence. *Le Pistolet nouveau.*   181

Aussi-tôt qu'on cherche à nous plaire. *La Babet.*   162

Aux soûpirs, la Jeunesse. *La Valentine.*   287

B

B Eaucoup mieux que l'Hypocrêne. *L'Italienne.*   180

Boire avec sa Charmante. *L'Inconstant.*   242

TABLE.

C

CEdons aux coups. *La Caſſandre.*   Page 192
Celimene, à quoy bon tant de ſoins ? *La Chaine.*   221
Cupidon raſſemble en nos bois. *La Bohemienne.* 183

D

DAns le ſiecle des Amadis. *Les Amadis.*   235
Dans nos amours. *Le Piſtolet.*   174
Dans nos beaux ans. *La Bavaroiſe.*   161
Dans un Verger, Philis, ſeulette. *La Bergere.*   200
De Colin avec ma Voiſine *Bourée de Baſque.*   202
De peur d'eſtre ingrate. *La Coquette.*   175
Des beautez d'Iris. *La Matelotte.*   229
Donne donc, jeune Silvie. *Dame Gigogne.*   234

E

EN amour, on ne rend point raiſon. *Le Cordon bleu.*   152

F

FAnchon, j'y fis reſolu. *Tourbillon d'Amour.*   199
Fillette qui veut ſe choiſir un amant *La Folichon.*   219
Fortune, tu ſçais à ton gré, *Le Miciſſipy.*   210

G

GRand Goſier, diſoit à Gregoire. *P. André.*   237

TABLE.

J I

J'Ay vu ſur la Fougere. *La Fringuairé.* Page 247
Jean Durut, en ſon bel âge *La Petarde.* 158
Je n'aime pas facilement. *Le Cotillon.* 214
Je n'avois pas quinze ans. *La Fillette.* 241
Je n'entens plus tout le langage. *La Tirboulaire.* 201
Je ne puis plus reſiſter à tous les feux,
   La Pharaone. 146
Je gàrdois bien ſoigneuſement. *La Batiſline.* 216
Je ris, je ſuis toûjours contente. *Le Cotillon.* 154
Je ſuis Madelon Friquet. *La Bergerie.* 232
Je vis toûjours joyeuſe. *Le Gagne-Petit.* 155
Je vis un jour. *La Gaſcone.* 220
Il faut aimer quand on ſçait plaire. *l'Enfantine.* 128
Il n'eſt point d'heureuſe Danſe. *L'ancien Cotillon.* 145
Iris, fiere & ctuelle. *La Jenneſſe.* 153

L

L'Amour a peu d'agrément. *Vous me l'avez dit.* 226
L'Amour brille en ces lieux. *La Badine.* 197
L'Amour paroît ſi flateur. *Cotillon qui va toûjours.* 76
L'autre jour Liſette. *La Surpriſe.* 160
Le Berger le plus charmant. *La Jeanette.* 193
Le Cotillon eſt fort à la mode. *Cotillon.* 170
Le jeu de l'Eſcarpolette. *La Niaiſe.* 205
Le premier jour d'un tendre engagement.
   La Criſtine. 182
Le Vin, l'Amour & la Chaſſe. *La Charlotte.* 248
Les Fanatiques que je crains. *La Fanatique.* 151
Lorſque Colin rencontre au bois. *Les Manans
   de Verſailles.* 245
Lorſque Fillette & Garçon. *La Naturelle.* 159
Le ſecret pour ſe faire aimer. *Le Prince George* 203

TABLE.

M

MA bouteille. *La Silvie.*   Page 172
Manon dans un bois solitaire. *La Cabartiere.*   166
Ma si, d'excellent vin nouviau. *La Mareschale.* 215
Ma Servante en allant à la cave. *Le Déssein.* 217

N

NAvet, Navet n'avoit. *Navet & son Valet.* 222

O

ON croit bien garder son troupeau. *La Lirette.*   256
On dit qu'Amour est un trompeur. *L'Insulaire.* 195
On dit que vous m'êtes infidelle. *La Jalousie.* 147
On ne se masque icy qu'au Bal. *La d'Auteüil.* 236

P

PArtageons-nous à table. *La Sissone.*   190
Pour choisir un nouvel amant. *La Capricieuse,*   249
Petit Dieu de Cythere *La Jeunesse.*   230
Pour juger trois belles Déesses. *Les Déesses.* 244
Pour vous guerir, jeune fille. *Sont des Navets.* 223

Q

QUand à l'horloge de l'Amour. *Le Carillon.* 178
Quand je suis à table. *Les Rats.*   169
Quand je suis à vos genoux. *La Palisse.*   243

Quand vous ſautez , belle Jeanetton. *Jeanne qui ſaute.* Page 16..

Que je plains un amant qui trouve une cruelle. *La Reverence.* 22..

Que le Jeu , le bon Vin & l'Amour. *Les Galeries d'Amour.* 22..

Que l'on goute un bien ſuprême. *L'Amoureuſe.* 15..

Que l'on vit content *La Houpelande.* 18.

Qu'il eſt heureux , Iris , de s'engager. *Le Brin- d'Amour.* 21.

Qui ne connoît pas l'Amour *Le Poivre.* 17..

Qui veut ſçavoir de nos Cantons. *L'Occaſion.* 24..

R

Evenez à jamais doux Plaiſirs. *Trouſſez, Belle , vôtre Cotillon.* 20.

S

Ans peine , Iris , je renonce à l'Amour. *Petit Jean.* 18.

Sans un grain de folie. *La Calotine.* 25.

Se livrer à ſon doux penchant. *Les Manches vertes.* 20.

Si j'aime la bouteille. *La Freſne.* ...

Si jamais je ſuis plus grandelette. *Cotillon de Verſailles* 1.

Si jeune & tendre femelle. *Les Mareſchaux.* 13.

Si trop jaloux de ſa gloire. *Marotte.* 16.

Si-tôt qu'Iris me traite avec dedain. *Les quatre faces.* 20.

Si vous avez un Amant. *La Boulangere.* 1.

TABLE.

T

TOn Berger, Philis, ne me plaît guere.
    Les sept Sauts.   Page 179
Tout de bon *Le Cotillon Hongrois.*   194
Tu regnes sur nous, Dieu d'amour *L'Epiphane.* 213
Tu vas me quitter, Bergere. *La Jeaneton* 157

U V

UN Amant qui sçait se taire. *Le Cotillon*
    de Suresne.   196
Un Galant riche en finance. *La Colbert.*   224
Un seul regard de vos yeux. *La bonne amitié.* 204
Voulez-vous apprendre. *La Regence.*   177
Vous voyez d'un grand sens froid ma peine.
    La Menagere.   171

FIN DE LA TABLE.

ATTRIBUTION DE LA CHARGE
de Seul Imprimeur du Roy pour la Musique.

PAr Lettres Patentes du Roy, données à Fontainebleau le cinquiéme jour du mois d'Octobre l'An de Grace mil six cent quatre-vingt-quinze, Signées, LOUIS; & sur le replis, Par le Roy PHELYPEAUX; Scellées du grand Sceau de cire jeaune; Confirmées par Lettres de Surannation, données à Marly le vingt-huitiéme May mil sept cent quinze, Signées comme dessus: Toutes lesd. Lettres Verifiées & Registrées en Parlement le 7. Juin 1714. Il est permis (à J-B. Christophe Ballard, Seul Imprimeur du Roy pour la Musique, & Noteur de la Chapelle de Sa Majesté,) d'Imprimer, faire Imprimer, Vendre & Distribuer toute sorte de Musique tant Vocale, qu'Instrumentale, de quelque Auteur ou Auteurs que ce soit, avec très-expresses inhibitions & défenses à tous Imprimeurs, Libraires, Tailleurs & Fondeurs de Caracteres, & autres personnes generalement quelconques, de Tailler, Fondre, ni contrefaire les Notes, Caracteres, Lettres grises, & autres choses inventées par ledit Ballard; ny d'entreprendre ou faire entreprendre ladite Impression de Musique, en aucun lieu de ce Royaume, Terres & Seigneuries de l'obéïssance de Sa Majesté, nonobstant toutes Lettres à ce contraires; sans le congé & permission dud. Ballard. A peine de confiscation des Livres ou Exemplaires, Notes, Caracteres, & autres Instruments servant au fait de ladite Impression de Musique, & de six mille livres d'Amende; Ainsi qu'il est plus amplement déclaré esdites Lettres : Sadite Majesté voulant qu'à l'Extrait d'icelles mis au commencement & fin desdits Livres imprimez, foy soit ajoûtée comme à l'Original.

www.ingramcontent.com/pod-product-compliance
Lightning Source LLC
LaVergne TN
LVHW052010060726
842528LV00002B/461